事例で学ぶ

高齢者福祉論

伏見　幸子
古川　繁子
　編　著

学文社

はしがき

　近年，高齢者福祉のとらえ方は多岐にわたってきています。21世紀に入り「人権の世紀」といわれて久しいですが，人権擁護・成年後見制度など，制度の整備に毎年のように法改正がされている時代です。そんな時代に高齢者福祉を学び，介護や支援の場に就こうとする人たちに，知識だけでなく生活の知恵や文化を通して自らの高齢者福祉観を築いていただきたいと，本書編纂の企画は立てられました。さまざまな時代に生きてきた高齢者の価値規範を反映して高齢者福祉は語られるべきでしょう。そのためには，なるべく事例を通して把握できるように工夫したつもりです。

　しかし，課題は多く「虻蜂取らず」に陥ってしまうような困難さがありました。また，事例のみでなく，評するべきところを広く浅くしてしまったところもありました。高齢者福祉を制度的側面から研究・教育していくのか。人間生活を基盤とした，社会科学的側面から教示していくのか。さらに，高齢者福祉構築のためには，実践的側面をどのように簡潔に示唆していくのか。これらのことは，本書のみでは完結し得ない課題ですが，高齢者福祉論を学ぶということはそう簡単には解明できない人間そのものの探求であるように思います。

　本書は教育や福祉の現場で優れた実践経験のある先生に執筆をお願いしました。少しでも身近に感じられるよう工夫されています。本書を執筆された方がたの親世代も平均寿命を超えられている方が多くいます。執筆者一同，もっとも身近な先人たちに敬意を表し，先人の恩物を次世代へと継承していきたいと願っています。

　本年長寿番付が発表されました。最高年齢者は小山ウラさん。114歳とのこと。また，百歳以上の高齢者が23,038人いらっしゃるとのことでした。65歳以上を高齢者だとすると114歳まで49年間，どのような生活を送るか，今までにない新しい考え方を構築していかなければならない時にきています。

最後に，出版にあたりいつもお世話いただいている学文社社長　田中千津子氏と事例を提供していただいた高齢者施設の方がた，潤生園園長　時田純氏，中延ホーム施設長　加藤久明氏に謝意を申し上げます。

平成16年9月　敬老の日を前に

　　　　　　　　　　　　　　　　　　　　　編著者　伏　見　幸　子
　　　　　　　　　　　　　　　　　　　　　　　　　古　川　繁　子

目　次

序　章　高齢者福祉をはじめるために……………………………………1
　1. 高齢者を理解するための視点 …………………………………………1
　2. 高齢者と文化 ……………………………………………………………3
　3. 現代の語り部（語り継がれてゆくもの）……………………………8
　4. 高齢化時代にみえてきたもの ………………………………………11

第1部　高齢者を取り巻く現代的課題

第1章　現代的課題 ……………………………………………………………16
　1. 人口高齢化 ……………………………………………………………16
　　1) 人口高齢化の進展……16／2) 高齢化社会……18／3) わが国の高齢化の特徴……20／4) 少子・高齢社会への対応……24
　2. 社会変動と社会構造の変化 …………………………………………26
　　1) 社会変動と歴史的展開……26／2) 社会変動と高齢者福祉の変遷……27
　3. 高齢者の生活と文化 …………………………………………………29
　　1) 最低生活保障と文化……29／2) 高齢者福祉理念……30／3) 高齢者福祉における視点……31
　4. 現代社会における高齢者福祉の課題 ………………………………32
　　1) 高齢者がすごしてきた時代の文化を知る……33／2) 高齢者の生活上の問題点や困難を知る……33／3) 新しい価値の創造……34／4) 在宅ターミナル……35／5) 高齢者福祉の課題とは……40

第2章　高齢者問題 ……………………………………………………………41
　1. 健　　康 ………………………………………………………………41
　2. 介護の現状 ……………………………………………………………47

3. 経済生活 ……………………………………………………………51
　　4. 住生活 ………………………………………………………………57
第3章　高齢者理解 …………………………………………………………63
　1. 身体的特徴 ……………………………………………………………65
　　1) 予備力の減退……65／2) 抵抗力の低下……66／3) 適応能力の減退
　　……66
　2. 精神・心理的特徴 ……………………………………………………67
　　1) 高齢期の人格的特徴……67／2) 高齢期における生涯発達課題……68
　3. 社会的特徴 ……………………………………………………………70
　　1) 老年期の社会的変化……70／2) 高齢期の社会学的理論……71
　4. 高齢者の総体的把握 …………………………………………………72
第4章　高齢者に関する法 …………………………………………………74
　1. 老人福祉法 ……………………………………………………………74
　　1) 老人福祉法制定とその後の改正……74／2) 目的と基本理念……76／
　　3) 制度の基本的仕組み……76
　2. 老人保健法 ……………………………………………………………79
　　1) 老人保健法制定とその後の改正……79／2) 目的と基本理念……81／
　　3) 保健事業……81
　3. 介護保険法 ……………………………………………………………83
　　1) 法制定の背景……84／2) 目的と基本理念……85／3) 介護保険制度
　　の概要……86
　4. その他の施策 …………………………………………………………92
　　1) 福祉関係3審議会　意見具申……92／2) 21世紀福祉ビジョン……
　　93／3) 新ゴールドプラン……93／4) 「高齢社会対策基本法」……93／
　　5) 「社会福祉基礎構造改革について（中間まとめ）」……93／6) 成年後
　　見制度……94／7) 「社会福祉基礎構造改革」……94／8) 高齢者の住居
　　の安定の確保に関する基本的な方針……94

第5章 高齢者福祉の倫理 …………………………………………98
　1.「高齢者福祉の倫理」の必要性と社会的背景 ……………………98
　2.「高齢者福祉の倫理」とは …………………………………………99
　　1) 高齢者福祉の実践における倫理的視点……99／2)「高齢者福祉の倫理」の課題と実践の在り方……100
　3. 高齢者福祉における「職業倫理」と「倫理綱領」 ……………108
　　1)「職業倫理」と「倫理綱領」の関係……108／2) 日本社会福祉士会倫理綱領と日本介護福祉士会倫理綱領……109
　4.「高齢者福祉の倫理」の実践における課題と展望 ………………110

第2部　高齢者福祉研究

第6章　高齢者人権擁護の現状 ……………………………………116
　1. 高齢者の現状と課題 ………………………………………………116
　2. 権利擁護の意義 ……………………………………………………117
　3. 介護事故（転倒等）と損害賠償 …………………………………123
　4. 成年後見制度の実態 ………………………………………………124
　5. 地域福祉権利擁護事業 ……………………………………………127
　6. 権利擁護と社会福祉援助技術（ソーシャルワーク） …………128
　7. 展　　望 ……………………………………………………………130
第7章　ケアマネジメントの視点 …………………………………132
　1. ケアマネジメントの動向 …………………………………………132
　2. 医学モデルから生活モデルへの転換 ……………………………134
　3. ICFの視点からみた生活のニーズ ………………………………135
　4. ストレングスの視点 ………………………………………………136
　5. エンパワメント（Empowerment） ………………………………137
　6. 質を深めるケアプラン作成とは …………………………………139
　7. 高齢者介護施設のケアの動向 ……………………………………141

第8章　高齢者施設職員と認知症高齢者の関わり ……………………………144
　1. 国の認知症高齢者介護の取り組みと施設介護への影響 …………144
　2. 認知症の高齢者の求める介護をめざして ……………………………145
　　1）これまでの反省から……145／2）その人中心の介護とは……146／3）その人中心の介護の取り組み……147
　3. 介護の目・介護職員の目 ……………………………………………………149
　4. 高齢者施設の現状と介護職員に求められるもの ……………………152
　　1）介護職員の心のうちを覗いてみる……153／2）介護職員のストレスを取り除くには……155

第9章　ジェンダーと高齢者福祉 ……………………………………………………158
　1. 人口転換のジェンダー視点 ……………………………………………………159
　2. 介護問題のジェンダー視点 ……………………………………………………161

第10章　事　例 ……………………………………………………………………………167
　1. 施設のなかの季節感 ……………………………………………………………167
　2. 高齢者のおしゃれと「化粧療法」について …………………………172
　　1）化粧が心身に及ぼす影響とその効果……173／2）活動概要とポイント……174／3）お化粧の簡単な手順……178／4）展　　望……180
　3. 高齢者とセクシュアリティ ……………………………………………………181
　　1）ケースの概要……182／2）有料老人ホームについて……182／3）生活歴……183／4）有料老人ホーム入居に至った理由……183／5）老人ホーム入居後の生活……183／6）考　　察……186／7）展　　望……186
　4. グループホームの実践 …………………………………………………………187
　　1）近年の動向……187／2）GHケアの特徴……188／3）GHケアにおけるターミナル期の基本視点……189／4）事　　例……189／5）考察・今後の課題……191

年　　表 ……………………………………………………………………………………193

序　章　高齢者福祉をはじめるために

1．高齢者を理解するための視点

　高齢者といってあなたがイメージするのは，どんな人ですか。皆さんがよくご存じの巨人軍の元監督長嶋茂雄さんや国民的映画俳優で若大将とよばれた加山雄三さん，かのデヴィ夫人もサッチーこと野村幸代さんも65歳を過ぎているかもしれません。孫がいても高齢者とするにはいささか申し訳ないような若々しさです。それでは，この前の衆議院選挙で自民党から出馬するしないでもめた中曽根康弘さんや宮沢喜一さんはいかがでしょうか。それとも女優の森光子さんでしょうか。いずれも満80歳を確実に過ぎているようですが，元議員の2人は，豊富な知識と政治経験から現代状況を冷静にみつめての辛口な発言は以前とあまりかわっていないように思います。また森光子さんにしても若き男性タレントへの思いを絶やすことなく，いくつになっても熱き恋心を持ち続ける舞台女優としてその名を馳せていますが，公演での姿からは実年齢を疑うほどのエネルギーを感じるのは私だけではないでしょう。

　以上は，誰もがよく知っている日本のタレントや政治家ですが，その道で活躍している人が，実年齢よりも若々しくはつらつと生きていることを示す良い例ではないでしょうか。有名無名を問わず，生きる目的と手段をもっている人（生きられる人）とそうでない人との違いは，年齢には関係がないということを如実に物語っているようです。昔から年寄りとか老人という言葉からイメージするのは，千歳飴の袋に描かれた翁（おきな）と媼（おうな）のような共白髪の男女を連想しますが，現在は，かなりの長老でもあのような仙人風老人はなかなか思い浮かばないものです。これも時代の移り変わりでしょうか。

　一方で，高齢者に関して少し気にかかる数値もあります。それは厚生労働省統計情報部「人口動態統計」によるわが国の死亡率ですが，外因死（不慮の事

故や自殺,他殺)の内訳で,高齢者の自殺割合が高いという点です。平成13 (2001)年では65歳以上人口10万人に対して男性45.2,女性19.4 (75歳以上の場合27.7)です。この数値は,全年齢層平均の自殺率男性34.2％,女性12.9％に比べてもいちじるしく高い上に,諸外国の自殺率に比べてもけっして低くはありません。一般にどこの国でも老人の自殺率は高いようですが,それでもわが国の高齢女性の自殺率は依然世界のトップにあります。平均寿命も世界一ですが,自殺率が高いということから推測して,長生きすることが必ずしも幸せではない国ということなのでしょうか。

社会学では,自殺を社会病理ととらえた多数の研究実績があります。その高齢者の自殺についての分析を参考にして,その背景や原因について少し考えてみたいと思います。

日本の高齢者の自殺を数量的にみると,配偶者関係では離死別者,職業別には無職の自殺傾向が高いということです。また何らかの病気に罹っている人の自殺割合も高く,こうした実態の背景には老人特有の孤独感や寂寥感,また無力感などの自殺心理が起こりやすい状況が考えられると分析しています。一般的に,高齢者は身体的,社会的,人間関係における等さまざまな喪失感を味わい,その結果社会生活の参加範囲が狭まって孤独感を味わう事になる。こんな時こそ家族をはじめとする人間関係が重要な解決の手段となりうるのですが,戦後の家族制度の崩壊は高齢者の居場所を不安定なものに変化させてしまいました。とはいえ,戦後は保健衛生の改善普及や医学の進歩,社会保障の充実などが相まって老人も戦前よりは健康状態が改善されたのみならず,高齢者の意識も少しずつ変化し,社会的な自立意識が育ってきた面も否定できません。しかしながら,わが国の自殺率は戦前と戦後でそれほどの変化をしていないというところに特徴がある[1]といわれています。また,中 久郎は,日本の社会保障の未熟さが高齢者の自殺率を高めている要因であると結論づけています。自殺は近代化のなかで減少傾向を示すようですが,日本の場合必ずしも減少していない特殊事情があるのならば,徹底的にこの原因を究明することも高齢者

福祉を考える上で重要な事ではないかと思うのです。一般的に高齢者と表現した場合，身体が弱く病気がちで，他人の手を借りなければ日常生活も満足に過ごせないような固定的なイメージがあるようですが，先述の通り実際には個人差があり多様であることが分かります。

そこで，これから高齢者福祉を考えるに当たり，できるだけ高齢者とか老人という表現に含まれている受動的なだけの固定的なイメージを意識的に取り除いて頂きたいということです。予断と偏見に基づいた高齢者像からは，適切な対策や問題解決の糸口を見失うおそれがあると思うからです。いずれは，あなたもそして私もほぼ確実に通るであろう道，それが老いの道です。では，これから一緒に，その未知の世界を覗いてみましょう。

2．高齢者と文化

「高齢者」とは，年齢の高い人たちに対する呼称ですが，「老人」，「年寄り」，「隠居」等という表現よりも，実際の姿や顔などを想像しにくい抽象的なものです。しかしそれはそれで事実関係を表現する場合には適当な，いわゆる行政用語としてはこれに勝るものが見あたらないのもまた事実です。こうした呼称の混用は，現代の日本人が高齢の人びとに対してどのようなイメージを抱いているかを知る手がかりにもなります。周囲がなんとよぼうが，今の60代の多くは，自分を「老人」とか「年寄り」とかとよばれたくないという人が多いと聞いています。厚生省（現在厚生労働省）が老人保健法制定の1983（昭和58）年当時，満40歳以上の対象者すべてを老人と称するのかとしてクレームが出たとか出ないとか。そんな時期かどうか記憶は定かでありませんが，50代，60代のよび方を募集したところ，「実年」とか「熟年」などというよび方がより現代の状況に適しているのではないかとの意見が寄せられたそうです。現在こうした呼称がポピュラーかどうかは知りませんが，公式文書等では，英語の"old"を高齢者と訳しています。

それでは何故，古くから用いられてきた呼称があまり好まれないのでしょう

か。たぶん、それら呼称のもつマイナスイメージではないでしょうか。「老人」の「老」の文字を語源字典で引くと、長い髪の腰の曲がった人が横たわっている様を表している文字だそうです。老衰して死ぬイメージが濃厚です。

一方「年寄り」といえば、江戸幕府の職制のなかに年寄り、若年寄など中・高校時代の日本史の時間に習ったことを思い出します。幕府の中枢の重臣で、今でいえば内閣の閣僚のなかでも官房長官クラスでしょうか。後に老中とよばれ政務を統括する立場の職名です。必要な時には将軍の代わりに重要事項の決定に加わります。そしてこれを補佐するのが若年寄職であると習った記憶があります。このように、年寄りとは徳川時代の政務に当たった重職を意味する呼称です。文字通り大事なことを決定する権限を握っていた職種なのです。時には、政務を司るこの職種が時の権力となって大きく影響しただろうことが考えられます。このように普段は将軍の執政を見守もっていても、大切な場面では権限を発動するという意味は、正に高齢者の在り様そのものを説明している的確な表現だと思います。

こうして調べてみると、歴史的事実や時代の変遷のなかで生き残ってきた言葉の重さを、改めて認識できると同時に、現代人が抱く年寄り（老人）観の変化にも気づかされます。

以上、高齢者を表す呼称について簡単に説明しておきましたが、次に高齢者にまつわる諺を紹介しながら、考えていきたいと思います。

まず、皆さんがよくご存じのものをあげてみます。

老いては子に従え……年をとったら出しゃばらずに何事も子に任せてその意見や方針に従うほうがよい。江戸の"いろはカルタ"の一つで、「幼時は父に、結婚したら夫にそして、夫の死後は子にしたがうこと」という女性に対する仏教・儒教の教えからきた言葉。

・老いてますます壮んなるべし……後漢書の「丈夫志すを為すに、窮すれば当にますます堅なるべく、老いてますます壮んなるべ

し。」から，年をとっても衰えることなく，ますます意気盛んであるべきだ。

・年寄りの達者は春の雪……年寄りとは元気なようにしていても些細な事がきっかけで春の淡雪のように，はかなく消えてしまうということ。

・年寄りの言う事と牛のしりがいは外れない……長く生きて多くの経験を積んできた老人の意見には間違いがないから，傾聴すべきであるの意味。

・老いたるは父とせよ……年をとった人を父のように尊敬しなさいという意味。出・老い木に花が咲く。いったん衰えたものが再び勢いを盛り返す事のたとえ。

・年寄りと仏壇は置き所がない……年取った親は大切で，仏壇も大切に守らなければならない事は承知しているが，両方とも遠ざけたい（煙たい存在）時もあり，扱いに困る事があるという意味。

以上はほんの一例に過ぎませんが，現代に通じる内容だとは思いませんか。諺は時代を映すものでもありますし，時空を超えて伝える人生訓の真実が隠れているものです。

これらの諺からも日本人の年寄り観，老人観を理解することができます。

それでは続いて，以下の漢字を読んでみて下さい。

還暦，古稀，喜寿，傘寿，米寿，卒寿，白寿。

果たしていくつ読めたでしょうか。これらは高齢期の年齢の節目を表し，長命を寿ぐという考え方から発した年齢の別称です。それでは，それらが何歳を表していて，そのように読む論拠は何だと思いますか。それぞれ順に数え歳で60歳，70歳，77歳，80歳，88歳，90歳，99歳です。

ついでのことながら，還暦のお祝いには赤いちゃんちゃんこと朱の頭巾を，喜寿のお祝いには紫色の布団をプレゼントする習慣が以前にはあったようです

が，最近ではあまり話題にならないところをみると，高齢者の意識も周囲の見方もかわってきたことのあらわれかもしれません。

この機会に，辞書を引きながら養老思想や長幼の序，長寿を寿ぐといった日本の文化について知っておくと，この先あなたがお年寄りと接する場合に会話がぐんとスムースに運んで，なかなか見所のある若者だと頼りにされるかもしれませんよ（いや失礼。皆さんの事ですから，この程度の内容はとうにご存じの事でしょう）。

ところで，皆さんは高齢者を理解する上で何を手がかりにしますか。容姿でしょうか，言葉遣いでしょうか，それとも話の内容でしょうか。はたまた生い立ちでしょうか。

もしも身近なお年寄りを理解しようとするのであれば，現在の状況もさることながら，たぶんその方が生きてきた人生や家族・友人などの人間関係に思いをはせるのではありませんか。人は，同世代といる時には案外気づかない文化の影響や価値観について，異世代のなかにあって強く意識するということがしばしばあります。いつの時代でも，若者とおとな・年寄りの間には考え方に大きな隔たりがあり，年寄りを含む大半のおとなは，時に微笑ましく，時に苦々しく若い世代をみつめているもののようです。

ところで，次の単語は，かつて流行した言葉や社会の出来事をランダムにあげてみました。あなたは，いくつくらい知っていますか。

傷痍軍人，GHQ，巣鴨プリズン，ジャズ，リンゴの唄，新憲法，天皇の人間宣言，引き揚げ船，ヒロポン中毒，還り船，ヤミ米，浮浪児，もく拾い，ガード下の靴磨き，朝鮮戦争，特需景気，脱脂粉乳，発疹チフス，DDT，民政委員，恩給，養老院，年寄りの日，ロイドめがね，三ちゃん農業，集団就職，三種の神器，力道山，大鵬，金の卵，恍惚の人，太陽族，ロカビリー，所得倍増計画，日本脳炎，ジェスチャー，シャボン玉ホリデー，東京オリンピック，銀パリ，人生劇場，意地悪ばあさん，サリドマイド被害，すーだら節，歌声喫茶，ポリオワクチン接種，大きいことはよいことだ，公害病，ヒッピー，ベトナム戦争，

ゼネスト,沖縄返還,大阪万博,大学紛争,いざなぎ景気,日中国交正常化,革新自治体の誕生,老人医療費無料化,福祉元年,石油危機（オイルショック）,トイレットペーパーの買い占め,ぽっくり寺信仰……。

　さて,いかがでしたか。若い皆さんにとっては,耳慣れない単語が多かったと思います。しかし,還暦を過ぎた人びとはこの時代を生きてきたのですから,単語の一つひとつにもその時々の思い出が詰まっていることと思います。

　最後に,高齢者の生きた時代や風俗・文化を知る手がかりとして一つの歌を紹介します。この歌は明治時代の尋常小学校の読本（国語の教科書）に掲載されていたそうです。だいぶ以前,私も93歳で亡くなった祖母から聞かされたものです。

題して「うめぼしのうた」　作詞　芳賀矢一（国文学者）

　二月,三月花盛り　鶯鳴いた春の日の　楽しいときも夢のうち
　五月,六月実がなれば　枝からふるい落とされて　近所の町へ持ち出され
何升何合量り売り
　もとより酸っぱいこの体　塩に漬かって辛くなり　紫蘇に染まって赤くなり
　七月,八月暑い頃　三日三晩の土用干し　思えばつらいことばかり
　それも世のため人のため　しわは寄っても若い気で　小さい君らの仲間入り
　運動会にもついて行く　まして戦のそのときは　なくてなならぬ　この私

　いかがでしょうか。明治時代とは,それまで三百年以上も鎖国をしていた武家中心の日本が,一変して西洋の文化を積極的に取り入れ,工業中心の近大国家を目指して社会のあらゆる仕組みを作りかえた激動の時代です。学制といって公教育の基本制度が創設されたのもこの時代です。この時代にまともに尋常小学校にいけた子どもたちがどれくらいいたのでしょうか。それにしても幼い頃に口ずさんだ歌を半世紀以上も記憶しているとはただ驚くばかりです。この歌から往時の様子が忍ばれませんか。

　私たちにしても同様ですが,自分たちの青春時代がどのような時代であったかということが,その後の価値観や人生観に多大な影響を及ぼすのではないで

しょうか。また，記憶が薄れた過去の自分自身の出来事も，同時代の社会状況や流行の歌などが手がかりとなって思い出される場合があります。つまり，高齢者世代が生きてきた文化を知るということは，すなわちその人達が生きてきた時代の社会状況を知るひとつの有力な方法と思われます。さらに一歩進めて，そのことを知ることが，実は時代がかわるに従ってかわりゆくものと，かわらないものがあることを知ることであり，時代をこえて人間が普遍的にもつ価値観や真実の姿などを理解させてくれる手だてにもなるのではないでしょうか。これは，いずれ高齢者になる私たち自身の生き方（行き方）を予見する事にもつながり，生きる知恵や力になると思うのです。

3．現代の語り部（語り継がれてゆくもの）

2002年4月スペインのマドリッドで開催された「第2回高齢化に関する世界会議」の最終日に，国連のアナン事務総長が演説を行いました。その内容の抜粋を紹介します。

　アフリカでは老人が一人亡くなると図書館が一つ消えるといいます。地域によって言い回しは違うかもしれませんが，この言葉が意味するところは文化にかかわらず真実です。高齢者は過去と現在そして未来を結ぶ仲買者なのです。その知恵と経験は社会にとってかけがえのない宝です。
　私たちは本日，高齢者の貢献を讃えるとともに，高齢者が尊厳を保ちながら安全に暮らせるよう戦略を定めるためにここに集いました。この会議は高齢者の方々のためのものなのです。
中略
　より多くの人がよりよい教育を受け，長生きをし，健康で居られる期間が長くなるにつれて高齢者はこれまでになく社会に貢献することが出来ますし，実際に貢献しているのだと言うことを認識する必要があります。社会とその発展への高齢者の積極的な参加を促すことによって高齢者の貴重な能力と経験を生かすことができます。働くことが可能でそれを望む高齢者には働く機会が与えられるべきです。また，全ての人が，一生にわたって学び続ける機会を持つことも必要です。
　支援のネットワークを築き環境を整えることにより，より広い社会を取り込

> んで，世代間の連帯を強化し，高齢者に対する虐待，暴力，軽蔑，差別をなくすよう闘って行くことができます。
>
> 　予防を含む十分な医療を手の届く費用で提供することにより，高齢者が自立した生活を出来る限り長く続けるのを手助けすることができます。
>
> 　この20年の間に，私がこうした目標を達成するのに役立つ多くの新しいチャンスが生まれていると思います。
> 　　　　　　　　　　　中略
> 　最後にここで打ち明けます。私は今日64歳になりました。ですから全ての高齢者を代表してビートルズの唄を引用しながら皆さんに尋ねて見たいと思います。「私が64歳になってもあなたは私を必要としていますか。まだ私を養ってくれますか。」
> 　皆さんはきっとイエスと行って下さると信じています。21世紀，高齢者は人々に支えられそして必要とされるのです。

出典）内閣府編『平成15年版高齢社会白書』ぎょうせい

　日本にも養老思想を説いた話が各地にあります。たとえば，昔々ある貧しい寒村がありました。貧しいこの村には，ひとりでも多くの村人が生きていくために，いつしか口減らしのための棄老の掟ができていました。年寄りは例外なく還暦を迎えると全てその山にはいらなければならないというものでした。領主は，年貢を厳しく取り立てる口実として村人に無理難題を突きつけてきますが，その都度老人の知恵と機転で難を逃れてきました。今では，最後の年寄りも村から姿を消してしまったそんなある時，領主は藁灰で編んだ縄を持参するように命じたのです。もしそれができなければ，村は大変なことになります。村人たちは皆で頭を寄せて考えましたが，どうしてもその難問を解くことができませんでした。するとひとりの若者が，自分にはこれを解決する良い考えがあるといって村を後にしました。若者は，その日はついに村には帰ってきませんでした。村人たちは解決の策がみつからず，村から逃げ出したに違いないと半ば諦めかけていたその時，若者は息せき切って帰ってきたのです。皆は，固

唾をのんで若者の返事を待ちました。いよいよ領主にその答えを申し述べる日が来ました。すると若者は，領主の前に灰で編んである藁紐を差し出しました。すると驚いた領主が若者に尋ねます。それに対して若者は次のように答えました。「それは，なった縄をそのまま囲炉裏にくべて，そのままの姿で焼き上がったものを崩さないように取り出せばよい」として，その実物を差し出してみせたというのです。これには領主も驚いて，この難問解決の種明かしを迫りました。実は，その答えを教えてくれたのは姥棄て山に残してきた自分の老母だったことを。この話を聞いた者たちは皆，年寄りのもつ生きる知恵の深さ・広さに感服し，改めて年寄りがは共同体にとってかけがえのない宝物である事を認識したのです。それ以後は，貧しいながらも年寄りを村の知恵袋として大切にしたとの話です。

　アナン事務総長のスピーチではありませんが，年寄りは時代の架け橋であり，人生途上の難問に対して，その経験に裏付けられた深い洞察力をもって適切な助言を与えてくれる存在でもあります。また，家族内にあっては年寄りを挟んで孫と子どもの間を取りもつことができるのもお年寄りではないでしょうか。人間以外の動物で三世代がひとつ巣のなかに暮らしているとは聞いたことがありませんが，人間だけがそういう関係をもてる背後には，たぶん何らかの必要性があるからなのだと思います。高齢者は時に生き字引として，若い者たちの愚かな過ちを諌めてくれる存在であり，道に迷ったときの判断材料を提示してくれる存在でもあります。歴史の生きる証言者としての高齢者，自ら主張はしないがじっと成り行きを見守る高齢者を大事にする社会こそ心にゆとりがある社会，平和な社会といえるのではないでしょうか。時間と生産効率を優先する社会にあって，ゆったりと高齢者の話に耳を傾ける，心を寄り添わせることができる社会こそ，本当の心豊かな社会といえるのではないかと思います。

4．高齢化時代にみえてきたもの

　1963（昭和38）年は老人福祉法が制定された年ですが，この年の100歳以上の人数は，全国でわずか153（女133，男20）人でした。それが2003年（平成15）年には20,561（女17,402），（男3,159)人と40年間に約134倍にも増えたのです。平成に入ると，テレビでは100歳以上の，長寿者がよく登場するようになりました。現在では，以前ほど取り上げられる事はありません。つまり話題にもならないほど日常的な事になったからでしょうか。それにしても100歳まで元気でおられるというだけでも大変なことだと思いますが，そうした高齢者が2万人を突破した日本という国の底力を改めて感じずにはいられません。

　終戦当時（1940年代），わが国の老年人口比率は4％台でしたが，高度経済成長期の昭和45（1970）年には7％を超え，高齢化社会の仲間入りをしました。平成14（2002）年10月現在，18.5％となっています。この点はすでに第1章でも触れましたが，ここでは，人口が高齢化することはどういう事を意味するのか。また，どういう状態で人口が高齢化するのかについて考えてみましょう。

　人口高齢化社会に共通していることは，生産力の向上による経済発展がもたらした富の分配が行き渡っていること。つまり，第1次的な貧困が解消し餓死や伝染病などによる死亡が減少した社会であるということです。長寿社会に共通するのは，国民の大多数の食糧が賄えること，衛生的な生活環境、生活条件が整備されていること，病気やけが伝染性疾患に対応できる医療・医薬の体制が備わっていることなどがあげられます。これらを実現するためには，まず平和でなければなりません。

　こうしてみると，人口高齢化は経済社会の成熟度を示すバロメーターということができるのではないでしょうか。しかし，人口高齢化を国内現象としてだけとらえていたのではみえないさまざまな問題を内包していることが分かる事実をここで紹介したいと思います。

　国連が2003年に発表した最新の世界人口推計によると，2002年現在，世界

人口は63億人に達し，2050年には74億人（低位推計）～106億人（高位推計）と推計されています。現在先進国の人口は12億人で今後50年間では出生率の低下など考慮するとあまり変化しないか，日本を含む30ヵ国は人口減少社会となることが予測されています。他方，発展途上国の人口は2000年の49億人から2050年の77億人へと着実に増加し，AIDS等の死亡率を考慮しても，全世界の平均寿命は現在の65年から74年に上昇すると見込まれています。こうした分析，予測を基にどのような対策がとられているのでしょう。

　国連では，1982（昭和58）年に初めて「高齢化に関する世界会議」がウィーンで開催され，この会議では，高齢者の健康と栄養，高齢消費者の保護，住宅と環境，家族，社会福祉，所得保障と就業，教育についての勧告を内容とする高齢化に関する国際行動計画が採択され，同年の国連総会で採択されました。以後1992（平成4）年の国連総会では，高齢化に関する行動計画推進や，高齢者のための国連原則の広報の促進と1999年は国際高齢者年（International Year of Older Persons）とすることなどが採択されました。さらに，2002（平成14）年には高齢化に関する世界会議がスペインで開催され，20年ぶりに国連行動計画を改定することが提案されました。

　その理由の一つは，1982年の世界会議以降急速に進んでいる人口構造の変化，とくに開発途上地域における顕在化と高齢化の加速化という状況を踏まえた問題解決のための行動計画の見直しをはかるというものでした。このとき日本政府からは内閣府審議官を政府代表として関係職員19名を政府代表団として派遣され，日本の高齢社会対策大綱や介護保険制度など具体的な取り組みについて報告したところ，多くの参加国から関心を寄せられたそうです。先進国のなかでも人口高齢化が急速に進み，現在も平均寿命の記録を更新し続けているわが国ですから，今後同様の経過をたどるだろうと予測されるアジアの周辺国からも，日本の高齢者福祉対策は少なからぬ関心を集めているに違いないと想像できます。

　以上のことから高齢化社会をみる場合には，世界の状況を視野に入れた分析

視点と，わが国の現状そして将来予測を含めた遠近両方の視点が必要であるといえるでしょう。

そしてその結果，地球上の資源や富の再分配について自分だけがよければそれでよいという考え方では，早晩世界のなかで取り残されて行く事は明白です。とくに石炭以外の天然資源のないわが国では，どうすることが生き残れる道なのかを真剣に考えなければならない時期にさしかかっているようです。

"Welfare"を「福祉」と訳した理由を，中国漢代の「易林」という書物から引用したとかつて読んだことがあります。漢字の「福祉」は「福」も「祉」も人の幸せを表している文字であること，そして人の幸せとは，「天が授ける極みのない齢（よわい）を全うし，その授けに預かること」というような解説があったのを覚えています。

人生よく生きても50年という時代が長く続き，飢えや寒さに苦しんできた人類が求めた究極の幸せが，長寿社会の実現であることは錬金術や不老長寿の薬の開発などの例を引くまでもなく，歴史をみれば明らかなことです。しかし，今その夢が実現した社会はまた新たな問題に直面しています。人類は数度の人口爆発を経験しながら今日に至っていますが，世界のほとんどの国が長寿社会になる時代は未だ経験したことがありません。今後の世界の人口増加と新たな食糧問題の解決のポイントは資源の確保と分配にありますが，地下資源は特定の地域に偏在する一方で高度に発展した社会は，大量の資源を消費するために資源を求める。この資源の偏在と消費量の拡大そして自国の利益最優先の自己中心的な姿勢が国家間の紛争を生じせしめているともいえるのです。これまで繰り返してきた過ちを再び起こさないためには，大国の論理や一国至上主義的思想を転換し，新たな価値を創造していくほかに道はないように思えてなりませんが，口でいうほど，実行するのは容易でないのもまた事実です。そこで，高齢社会となった国々こそが率先して今までとは違った生き方の提言が世界に発信できないかと思うのです。つまりそのヒントが人口高齢化現象のなかに，そして高齢者の生きてきた歴史のなかに隠されてはいないだろうか。世界情勢

を視野に入れると，高齢問題も別の広がりをもってみえてきます．

参考文献
・内閣府編『平成15年版高齢社会白書』ぎょうせい
・内閣府編『平成15年版高齢社会白書』ぎょうせい
・『国民の福祉の動向』第50巻，第12号，2003年，厚生統計協会
・『国民衛生の動向』2003年，第50号，第9号，厚生統計協会
・田代菊雄・古川繁子編『新少子・高齢社会の社会福祉』学文社，2000年
・法務省法務総合研究所編『平成15年版犯罪白書』国立印刷局
・石田一紀編『改訂エッセンシャル老人福祉論』みらい，2003年
・日本福祉文化学会監修・河畑修他『高齢者生活年表　1925－2000年』
・岡本民夫編著『社会福祉』医学出版社，1990年
・三省堂編集所『新明解故事ことわざ辞典』三省堂，2001年

第1部　高齢者を取り巻く現代的課題

第1章　現代的課題

1．人口高齢化

　人口高齢化が進むと，社会変動を加速させ，社会構造の転換を余儀なくさせます。社会変動が急激に進むと，社会整備が追いつかなくなり，社会問題化する事象が多くなっていきます。それらが，人口高齢化にともなう現代的課題の幾つかとなってくるのですが，ここでは，まず，人口高齢化の進展の様子をみていきます。

1）人口高齢化の進展

　わが国が人口高齢化の進展目覚しいものとしている事は，昨今の話題でも多く語られているところです。2003（平成15）年には，65歳以上の人口は約2,431万人，総人口の19.0％となり，世界でもっとも高齢化率の高い国となりました。わが国の高齢化率の推移は，2010（平成22）年には22.5％，2025（平成37）年には28.7％に達すると予想されています。さらに，2040年には国民3人にひとりが65歳以上の高齢者となると予測されています。

　人口高齢化進展の結果，「高齢化社会」となっていきますが，「人口高齢化」と「高齢化社会」という言葉は，同義ではありません。

　「高齢化社会」という言葉を，国連では，次のように定義しています。

　＜全人口に，65歳以上の人口の占める割合が7パーセントを越えた社会＞

　「人口高齢化」とは，人口構成比率が変動せず，同じ水準を保っている社会から，人口構成比率が徐々に高齢化していくことをいいます。

　「人口の置き換え水準」とは，人口構成比率が変動しないで維持しつづけるために，女性が一生のうちに2.1人の子どもを出産する（それを「合計特殊出産率」といいます）時をいいます。

　現在合計特殊出産率が，2.1人を大きく下回って1.29人と発表がありました。女性が子どもを少なく出産すると，人口は同じ水準で置き換えられなくなり，

しかも，長寿化していくと，人口構成比率は若い層が少なくなり，高齢者層が厚くなるといった，逆ピラミッド型の人口構成図を描くようになります（図表1－1参照）。

また，合計特殊出産率が2.1人を大きく上回り，3人，4人，5人…。と増えていくにつれて，人口は若返りしていきます。

図表1－1　性・年齢別階級構成

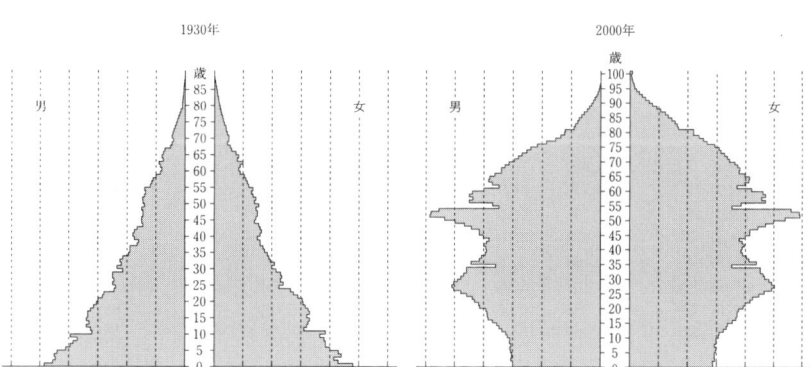

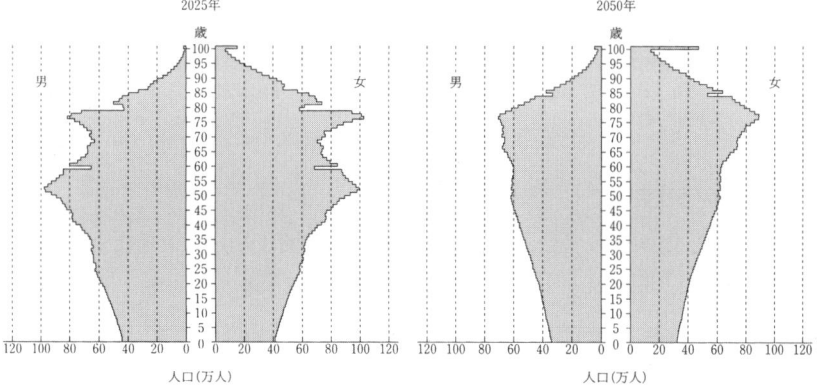

（資料）総務省「国勢調査報告」及び国立社会保障・人口問題研究所「日本の将来推計人口」（平成14年1月推計）

図表1－2　年齢区分別人口の推移と将来推計

(単位：％　千人，％)

年次	総数 実数	総数 割合	0～14歳 実数	0～14歳 割合	15歳～64歳 実数	15歳～64歳 割合	65歳以上 実数	65歳以上 割合
大正9 (1920) 年	55,963	100.0	20,416	36.5	32,605	58.35	2,941	5.3
14 (1925) 年	59,737	100.0	21,924	36.7	34,792	58.2	3,021	5.1
昭和5 (1930) 年	64,450	100.0	23,579	36.6	37,807	58.7	3,064	4.8
10 (1935) 年	69,254	100.0	25,545	36.9	40,484	58.5	3,225	4.7
15 (1940) 年①②	73,075	100.0	26,369	36.1	43,252	59.2	3,454	4.7
25 (1950) 年①	84,115	100.0	29,789	35.4	50,168	59.6	4,155	4.9
30 (1955) 年①	90,077	100.0	30,123	33.4	55,167	61.2	4,786	5.3
35 (1960) 年①	94,302	100.0	28,434	30.2	60,469	54.1	5,398	5.7
40 (1965) 年①	99,209	100.0	25,529	25.7	67,444	68.0	6,236	6.3
45 (1970) 年	104,665	100.0	25,153	24.0	72,119	68.9	7,393	7.1
50 (1975) 年①	111,940	100.0	27,221	24.3	75,807	67.7	8,865	7.9
55 (1980) 年①	117,060	100.0	27,507	23.5	78,835	67.3	10,647	9.1
60 (1985) 年①	121,049	100.0	26,033	21.5	82,506	68.2	12,468	10.3
平成2 (1990) 年①	123,611	100.0	22,486	18.2	85,745	69.5	14,895	12.0
7 (1995) 年①	125,570	100.0	20,014	15.9	87,165	69.4	18,261	14.5
12 (2000) 年	126,926	100.0	18,505	14.6	86,380	68.1	22,051	17.4
17 (2005) 年	127,708	100.0	17,727	13.9	84,590	66.2	25,392	19.9
22 (2010) 年	127,473	100.0	17,074	13.4	81,665	64.1	28,735	22.5
27 (2015) 年	126,266	100.0	16,197	12.8	77,296	61.2	32,772	26.0
32 (2020) 年	124,107	100.0	15,095	12.2	74,453	60.0	34,559	27.8
37 (2025) 年	121,136	100.0	14,085	11.6	72,325	59.7	32,726	28.7
42 (2030) 年	117,580	100.0	13,233	11.3	69,576	59.2	34,770	29.6

(注)　1　各年10月1日現在
　　　2　①　総数には，年齢「不詳」を含む。
　　　　　②　旧外地人以外の外国人を除く。
　　　　　③　総数は最新の補完補正後のものであるが，総数以外は補完補正前のものである。
　　　3　2006（平成18）年：総人口ピーク。
　　　4　2043（平成55）年：老年人口（65歳以上人口）数ピーク。
(資料) 大正9～平成9年は総務省「国勢調査」，「推計人口」，平成12年以降は国立社会保障・人口問題研究所「日本の将来推計人口（平成14年1月推計）」［中位推計］
出典）上記資料より作成

2）高齢化社会

　それでは，わが国の場合，いつごろから人口高齢化し，高齢化社会に入ったのでしょうか。年齢区分別人口の推移（図表1－2）をみてみましょう。昭和25年ごろまでは，人口構成比率はそれほど変化していませんが，昭和30年に入ると0歳～14歳人口割合が減少して65歳以上人口比率が減少傾向を示します。人口高齢化は，この頃から始まったといっていいでしょう。

一方，高齢化社会とは，65歳以上人口が全人口に占める割合が7％を超えた社会をいいますので昭和45年からということになります。

　先にも述べましたとおり，国連定義では，65歳以上の人口が全人口に占める割合が7％を超えた社会を「高齢化社会」と定義しています。わが国では，1970年に高齢化社会に入り，たちまちのうちにさらに高齢化は進展し，現在では20％を超える勢いです。

　65歳以上人口が全人口に占める割合（高齢化率）が14％を超えた社会を，「高齢社会」とよび，「高齢化社会」と区別しています。高齢化率が20％を超えたら「超高齢社会」というよび方をしている人もいます。あるいは，それらすべてをまとめて「高齢化社会」とひとくくりでよぶ人もいます。しかし，現在では，人口の高齢化しつつある社会として「高齢化社会（aging society）」そしてやがて安定した「高齢社会（aged society）」に達する。という考え方に一致してきています。

　人口高齢化の原因は，基本的には「出生率」と「死亡率」の低下にあります。「死亡率」が低下して高齢者が多くなるだけでなく，「出生率」も低下して，若年齢層が相対的に減少していくために起こります。もし，「出生率」が「死亡率」を上回ったら，人口は増えて，人口は若年化（若返り化）します。

図表1－3　人口高齢化速度の国際比較

国　名	65歳以上人口比率の到達年次		所要年数
	7％	14％	
日　　本	1970年	1994年	24年
アメリカ	1945	2015	70
イギリス	1930	1975	45
ド イ ツ	1930	1975	45
フランス	1885	1980	115
スウェーデン	1890	1975	85

（注）国連によれば，65歳以上人口比率が7％以上の場合に「高齢化した社会」と分類されている。
資料：厚生省人口問題研究所「人口統計資料集」（1990-91），
　　　U.N.「世界人口年鑑」1988年および「国連世界人口推計1992」

図表1-4　人口の高齢化度の国際比較

国　名	65歳以上人口比率		将来推計 2026年
日　　　本	1990年	12.0%	27.4%
アメリカ	1990	12.6	18.5
イギリス	1990	15.7	19.4
ド イ ツ	1990	14.6	20.5
フランス	1990	14.0	21.2
スウェーデン	1990	17.8	20.9

資料：国連世界人口推計 1992
　　　ただし，日本の1990年の値は総務庁統計局「国勢調査」，
　　　同2025年は厚生省国立社会保障・人口問題研究所「日本
　　　の将来推計人口」（平成9年1月推計）の中位推計値。

3）わが国の高齢化の特徴

わが国の人口高齢化の特徴は，① 高齢化速度が速い，② 高齢化の到達点が高い，③ 後期高齢者が多い，④ 高齢化の地域間格差が顕著，といわれています。

まず，高齢化の速度についてみていきましょう。

図表1-3は，人口高齢化速度の国際比較ですが，日本・アメリカ・イギリス・ドイツ・フランス・スウェーデン・イタリアなどの高齢化先進国の人口高齢化速度を比較しています。それぞれ65歳以上人口比率が7％から14％に到達するまでの所要年数が記載されています。一番長い所要年数の国は，フランスで115年。日本は一番期間が短く24年で到達しています。他の近代化先進諸国に比べて，高齢化の速度が速いということがわかります。

このことは，どういうことを意味しているのでしょうか。ひとつには，高齢社会への準備期間が他の国に比べて極端に短いことです。ですから，準備不足のまま高齢社会に入っていくことになります。

次に，高齢化の到達点ですが，図表1-4の人口高齢過度の国際比較では，将来推計として，2025年の65歳以上人口比率が載せられていますが，日本が他国に比べて27.4パーセントと最高到達点を示しています。

3番目の特徴として，後期高齢者（75歳以上の高齢者）の増大ですが，図表

図表1－5　高齢者の男女別年齢構成の将来推計

年　齢	人　　口 (1,000人)					総人口に占める割合 (％)				
	平成2年 (1990年)	7年 (1995年)	17年 (2005年)	27年 (2015年)	37年 (2025年)	平成2年	7年	17年	27年	37年
総　数										
65～69歳	5,104	6,397	7,271	9,446	6,875	4.1	5.1	5.6	7.3	5.5
70～74	3,818	4,688	6,526	7,402	7,345	3.1	3.7	5.1	5.7	5.8
75～79	3,018	3,286	5,112	5,862	7,691	2.4	2.6	4.0	4.5	6.1
80歳以上	2,955	3,855	5,818	8,675	10,530	2.4	3.1	4.5	6.7	8.4
(再掲) 75歳以上	5,973	7,141	10,930	14,537	18,220	4.8	5.7	8.5	11.2	14.5
計	(100.0) 14,895	(100.0) 18,226	(100.0) 24,726	(100.0) 31,385	(100.0) 32,440	12.0	14.5	19.1	24.1	25.8
男										
65～69歳	2,195	3,004	3,442	4,531	3,313	1.8	2.4	2.7	3.5	2.6
70～74	1,560	1,947	2,985	3,403	3,414	1.3	1.6	2.3	2.6	2.7
75～79	1,197	1,263	2,199	2,545	3,396	1.0	1.0	1.7	2.0	2.7
80歳以上	1,035	1,305	1,879	3,061	3,734	0.8	1.0	1.5	2.4	3.0
(再掲) 75歳以上	2,233	2,568	4,078	5,606	7,130	1.8	2.0	3.2	4.3	5.7
計	(40.2) 5,988	(41.3) 7,519	(42.5) 10,505	(43.1) 13,541	(42.7) 13,858	4.8	6.0	8.1	10.4	11.0
女										
65～69歳	2,909	3,393	3,829	4,915	3,562	2.4	2.7	3.0	3.8	2.8
70～74	2,258	2,741	3,540	3,999	3,931	1.8	2.2	2.7	3.1	3.1
75～79	1,821	2,023	2,913	3,316	4,295	1.5	1.6	2.3	2.6	3.4
80歳以上	1,920	2,551	3,939	5,614	6,794	1.6	2.0	3.0	4.3	5.4
(再掲) 75歳以上	3,741	4,574	6,852	8,930	11,089	3.0	3.6	5.3	6.9	8.8
計	(59.8) 8,907	(58.7) 10,707	(57.5) 14,221	(56.9) 17,844	(57.3) 18,582	7.2	8.5	11.0	13.7	14.8

資料：厚生省人口問題研究所「日本の将来推計人口」（平成4年8月推計，中位推計値）
　　　平成2年は総務庁統計局「国勢調査」
（注）（　）内の数字は，総数を100とした男女別の構成比である。

　1－5の高齢者の男女別年齢構成の将来推計によると，総人口に占める後期高齢者の割合が平成17年には8.5パーセントですが，平成27年には11.2パーセントを占めるに至ります。後期高齢者は，もちろん個人差はありますが，心身ともに虚弱化していく年齢層と考えられています。
　社会的介護を導入していかなければならない根拠のひとつともなっています。
　それにともなう，高齢者の通院数，認知症高齢者，要介護高齢者の出現数を

図表1-6 性・年齢階級別にみた通院者数

年齢階級	通院者数（単位：千人）			
	総数	人口千人に対する割合	男	女
総数	35,605	259.2	15,736	19,869
0～4歳	907	170.8	496	411
5～14	2,022	160.0	1,100	922
15～24	1,793	92.0	786	1,008
25～34	2,485	122.0	994	1,491
35～44	2,864	172.5	1,336	1,528
45～54	5,466	261.4	2,535	2,931
55～64	7,161	405.9	3,279	3,883
65～74	7,684	577.5	3,379	4,305
75～84	4,157	656.3	1,501	2,656
85歳以上	1,055	589.8	326	729
（再掲）65歳以上	12,896	599.0	5,206	7,690

（注）総数には年齢不詳も含む。
資料：厚生省統計情報部「平成10年国民生活基礎調査」

図表1-7 痴呆性老人の将来推計

区分	1990	1995	2000	2005	2010	2015
65歳以上人口 (A)	千人 14,928	千人 18,226	千人 21,699	千人 24,726	千人 27,746	千人 31,385
痴呆性老人数 (B)	人 1,009,819	人 1,259,233	人 1,557,725	人 1,887,597	人 2,255,519	人 2,621,647
出現率 (B／A)	% 6.76	% 6.91	% 7.18	% 7.63	% 8.13	% 8.35

資料：厚生省統計情報部「平成10年国民生活基礎調査」

図表1-8 要援護老人の将来の見通し

人数	要援護老人	内訳		
		虚弱老人数	要介護の痴呆性老人数（寝たきり老人を除く）	寝たきり老人数（寝たきりであって痴呆のものを含む）
1993年（平成5）	200万人	100万人	10万人	90万人
2000年（平成12）	280	130	20	120
2010年（平成22）	390	190	30	170
2025年（平成37）	520	260	40	230

資料：厚生省統計情報部「平成10年国民生活基礎調査」

第1章 現代的課題 23

図表1-9 都道府県,従属人口指数

	総人口 (1995) 千人	65歳以上 人口 千人	年齢3区分構成比			従属人口 指数 %	年少人口 指数 %	老年人口 指数 %
			0～14歳 %	15～64歳 %	65歳以上 %			
全　　国	125,570	18,261	15.9	69.4	14.5	43.9	23.0	20.9
北 海 道	5,692	845	15.8	69.3	14.8	44.2	22.8	21.4
青 森 県	1,482	237	17.0	66.9	16.0	49.3	25.5	23.9
岩 手 県	1,420	255	16.8	65.2	18.0	53.4	25.8	27.6
宮 城 県	2,329	338	16.9	68.5	14.5	45.9	24.7	21.2
秋 田 県	1,214	238	15.6	64.8	19.6	54.2	24.0	30.2
山 形 県	1,257	249	16.6	63.6	19.8	57.2	26.1	31.1
福 島 県	2,134	372	17.9	64.7	17.4	54.6	27.6	26.9
茨 城 県	2,956	419	17.1	68.7	14.2	45.5	24.9	20.6
栃 木 県	1,984	293	17.1	68.1	14.8	46.8	25.1	21.7
群 馬 県	2,004	313	16.5	67.9	15.6	47.3	24.3	23.0
埼 玉 県	6,759	681	16.1	73.6	10.1	35.6	21.9	13.7
千 葉 県	5,798	652	15.8	72.9	11.2	37.1	21.7	15.4
東 京 都	11,774	1,531	12.7	73.9	13.0	34.8	17.2	17.6
神奈川県	8,246	908	14.9	74.0	11.0	35.1	20.2	14.9
新 潟 県	2,488	455	16.3	65.3	18.3	53.0	25.0	28.0
富 山 県	1,123	201	15.1	66.9	17.9	49.4	22.6	26.8
石 川 県	1,180	191	16.1	67.7	16.2	47.6	23.7	23.9
福 井 県	827	147	17.0	65.2	17.7	53.2	26.1	27.2
山 梨 県	882	151	16.6	66.3	17.1	50.8	25.0	26.8
長 野 県	2,194	417	16.2	64.8	19.0	54.3	25.0	29.3
岐 阜 県	2,100	322	16.6	58.1	15.3	46.8	24.3	22.5
静 岡 県	3,738	554	16.6	68.6	14.8	45.7	24.2	21.6
愛 知 県	6,868	819	16.3	71.6	11.9	39.4	22.8	16.6
三 重 県	1,841	297	16.5	67.4	16.1	48.4	24.5	24.0
滋 賀 県	1,287	181	18.0	67.9	14.1	47.2	26.4	20.7
京 都 府	2,630	387	14.8	70.1	14.7	42.2	21.2	21.0
大 阪 府	8,797	1,048	15.0	72.9	11.9	37.0	20.6	16.3
兵 庫 県	5,402	764	16.3	69.5	14.1	43.8	23.4	20.3
奈 良 県	1,431	198	16.2	69.8	13.9	43.1	23.3	19.8
和歌山県	1,080	196	16.3	65.6	18.2	52.4	24.8	27.6
鳥 取 県	615	118	17.1	63.6	19.3	57.3	27.0	30.3
島 根 県	771	167	16.4	62.0	21.7	61.4	26.4	35.0
岡 山 県	1,951	339	16.2	66.3	17.4	50.6	24.4	26.2
広 島 県	2,882	456	16.2	67.9	15.8	47.2	23.8	23.3
山 口 県	1,556	296	15.5	65.5	19.0	52.6	23.6	29.0
徳 島 県	832	157	15.9	65.1	18.9	53.5	24.4	29.1
香 川 県	1,027	187	15.7	66.1	18.2	51.4	23.8	27.5
愛 媛 県	1,507	279	16.3	65.2	18.5	53.4	25.0	28.4
高 知 県	817	168	16.4	63.9	20.6	56.3	24.1	32.2
福 岡 県	4,933	729	16.5	68.6	14.8	45.6	24.1	21.5
佐 賀 県	884	157	18.1	64.1	17.8	56.1	28.3	27.8
長 崎 県	1,545	273	17.9	64.3	17.7	55.4	27.9	27.5
熊 本 県	1,860	341	17.3	64.3	18.3	55.4	26.9	28.5
大 分 県	1,231	229	16.3	65.1	18.6	53.7	26.1	28.6
宮 城 県	1,176	204	17.9	64.7	17.4	54.6	27.7	26.8
鹿児島県	1,794	354	17.8	62.4	19.7	60.1	28.6	31.6
沖 縄 県	1,273	149	22.1	66.2	11.7	51.0	33.4	17.6

資料：総務庁統計局「国勢調査」（総数に年齢不詳分を含む）
（注）年少人口指数＝（15歳未満人口）÷（15～64歳人口）×100
　　　老年人口指数＝（65歳以上人口）÷（15～64歳人口）×100
　　　従属人口指数＝年少人口指数＋老年人口指数＝$\frac{(0-14歳人口)+(65歳以上人口)}{(15～64歳人口)}\times 100$
出所：総務庁長官官房高齢社会対策室編「数字で見る高齢社会1997」

図表1－6，1－7，1－8でみていきましょう。通院者総数3560,5千人に対して65歳以上の高齢者数は，1,286,9千人。後期高齢者数は521,2千人です。通院者総数のおおよそ半数近くが，高齢者であり，さらにその半数弱が75歳以上の後期高齢者です。痴呆高齢者についての出現率は年齢が高くなればその出現率も高くなります。また，要介護高齢者も後期高齢者になるに従って日常身辺介護の必要比率が高まってきます。

　最後に，高齢化の地域間格差ですが1997年の統計ですが，図表1－9の都道府県，従属人口指数をみると，65歳以上人口比率が一番高い県が島根県21.7パーセント。一番低い県は埼玉県の10.1パーセントです。県レベルでも10パーセントの高齢化率から20パーセントを越える県までありますが，区・市町村レベルまで落としてみると高齢化率が40パーセントを越える町村もあり，それは，面積は広くても人口規模が小さく，若い層の人口流出のために過疎化している町村にみられます。ですから，日本全体を一律な高齢化が覆っているとみなすことができません。地域特性に応じた対策が図られねばならないと思われます。

4）少子・高齢社会への対応

　平成に入り国は，21世紀福祉ビジョンを発表しました。

　高齢者問題に限らず，高齢化社会の問題改善のため，ゴールドプラン・エンゼルプラン・障害者プランなどを発表し社会福祉基礎構造改革に着手しました。

　高齢社会に必要な社会制度を設立して，サービスを開始しても，ひとつの制度が成熟するまでに30年から40年はかかるといわれています。たとえば年金制度でも，国民皆年金制度ができた昭和38年から20年経った，昭和57年に年金制度の大改正がありその後今年までに2回改正がありましたが，年金加入支払い期間が25年から40年に延長になりました。支払い期間が25年であれば，年金を満額もらって生活する高齢者が出現するまでに制度創設から25年かかるということですし，それが40年間に延長されたということは，最初に作られた

制度では対応困難であったためで，改善されたわけですので，ひとつの制度が成熟するのには長い年月が必要となります。

　また，現在，社会福祉基礎構造改革が進行中ですが，「措置から契約へ」という，福祉サービス提供方法の変更に当たっても，福祉現場では理念の定着に時間がかかりそうです。支援費制度の根幹を成す「ノーマライゼーション」の考え方，介護保険にともなう社会的虚弱な者に対する権利擁護の思想など，制度はできたものの，福祉サービス提供現場での理念の浸透までは至っていません。特に，第2次世界大戦までは家制度によって，家族扶助（自助）努力を基本としていた日本では，国によって扶助する，公的扶助の理念になれていないのか，スティグマ（恥辱）感が拭い去れませんし，福祉先進諸国における「民主主義」（自由・平等・博愛）の上に成り立つ，なかでも「共生」「連帯」の福祉理念を日本のなかに根付かせるにはまだまだ時間がかかるものと思われます。

　もうひとつには，人口高齢化に対する社会的対策が遅れた結果でもあるといえます。戦後日本は急速に復興しますが，それは急激な近代国家への変貌でもありました。昭和40年から高齢化社会に入っていますが，その前年，東京オリンピックが開催されていました。日本は世界に向けて戦後は終わったことをアピールしました。新幹線開通し東京モノレール羽田線が開通したのも昭和39年でした。東京をはじめ都市周辺には人口が集中し，過疎過密・核家族化現象が起こり広がっていました。昭和30年代に入って知的障害者福祉法，老人福祉法，母子・寡婦福祉法など戦前では家単位で扶助していた知的障害者や老人および母子世帯の者たちが福祉の法律によって社会的に救済されるようになってきたのも戦後の急激な近代国家への変貌の結果でした。

　その日本が諸外国に追いつけ追い越せと躍起になっている時期に，高齢化社会の仲間入りをしてしまいました。ですから，福祉問題として老人扶養の問題は社会問題として取り上げられていましたが，社会全体が高齢化することによっておきてくる制度的問題に対する社会的対応が遅れていたのでした。

　高齢化社会のもつ社会的問題点を考えた時，人口高齢化に対するあるいは人

口高齢化社会が抱える社会問題に対する社会的対応には時間が必要であるということがわかります。時間をかけて人口高齢化への対応策を検討し，実践していかなければ，人口高齢化のスピードは速まりこそすれ，緩やかにはなりません。

2．社会変動と社会構造の変化

　社会変動とは，社会の秩序や文化及び経済構造などが急激に変化することをいいます。現在，人口高齢化の波はわが国ならずとも近代国家とよばれている国ぐにの秩序や文化および経済構造などを急速に変化させています。

　少なくとも，21世紀に入ろうとする頃からわが国で始まった6つの構造改革（行政改革，財政改革，経済構造改革，金融構造改革，社会保障構造改革，教育改革）は，われわれの従来の価値観や文化観また人生観や生活観すらかえてしまおうとしています。

1）社会変動と歴史的展開

　歴史的に社会変動をとらえようとすると，ヨーロッパ産業革命の時代にまでさかのぼります。中世ヨーロッパは，人口増と蒸気機関の発明により，それまでの農耕牧畜の生活から，大量生産・大量消費の工業化・産業社会へと変動していきます。農耕生活以前は，狩猟のみの流浪生活であったため，稲作をはじめとする定住ができる農耕生活はひとつの革命だったとアメリカの社会学者アルビン・トフラーは唱えました。農耕化の波を第一の波とよび，工業化の波を第二の波。そして現代を第三の波が押し寄せて，それを情報化の波とよび産業革命に対して情報革命の時代であると提唱しています。

　情報化の時代の特色は，個別化・人間性の回復・障害のバリアフリー化などをあげていますが，情報が得られる層と情報が得られない層に格差が出てくるという危険性もともなうと警鐘しています。

　まさに，アルビン・トフラーのいう第三の波の時代にある私たちは，その時代に高齢化を迎え，さらに超高齢社会を迎えていくことになります。その時代

に，高齢者にとって，情報化が生活の利便性を高め，それぞれの個別性を重んじられ，バリアフリーが実現された社会に参加していく地盤作りと，何よりも情報格差による差別が出現しないように心していかなければなりません。

2）社会変動と高齢者福祉の変遷

社会変動によって高齢者の福祉がどのように変遷してきたかを概観していく時，時代をいつまでさかのぼったらよいのだろうかと考えましたが，現代的課題を探っていくためには，一番影響を与えている近代・明治維新以降の福祉制度から知っておくことが大切だと思われます。

① 戦前までの高齢者福祉

古くは593年聖徳太子が四天王寺を建立したときに設けられた，敬田，施薬，悲田，療病の四箇院が，歴史のなかで早いうちに行われた施策といわれています。そのなかで，悲田院は寄る辺のない貧困な高齢者や児童を入所させ，保護しました。江戸時代までは，篤志家による慈善や地域互助組織による助け合いが主流でした。明治に入ると「家制度」による自助や地域相互扶助が主流でしたが，それらから漏れてしまった，貧困な身寄りのない者たちのために1875（明治7）年恤救規則が設けられました。

1929（昭和4）年に制定され，1932（昭和7）年に施行された救護法において救護施設としての養老院が設けられていました。法に基づく高齢者施設の最初でした。

救貧・貧困対策としての高齢者福祉時代といえましょう。

② 生活保護法化での高齢者

戦後すぐの1946（昭和25）年に制定された生活保護法では，「養老施設」が，規定されていました。低所得あるいは貧困高齢者が対象でした。時間の経過とともに介護を必要とする高齢者が増えてきたことと高齢者に対する福祉理念の制定の必要性が叫ばれ，1963（昭和38）年には老人福祉法が制定され，救護施設としての性格が強かった「養老施設」は，老人福祉法に吸収されました。しかし，身寄りのない孤独なそして貧困な高齢者への対策は，スティグマ（恥辱

感のともなうもので,「お上(かみ)の世話にはなりたくない。」という言葉にこもるほどの,人並みでない劣等処遇下にあったといえましょう。

③ 老人福祉法制定から長寿社会対策大綱策定まで

老人福祉法のなかでは,その基本理念を次のように制定しています。

「老人は,多年にわたり社会の進展に寄与してきた者として,かつ,豊富な知識と経験を有する者として敬愛されるとともに,生きがいを持てる健全で安らかな生活を保障されるものとする。

老人は,老齢に伴って生ずる心身の変化を自覚して,常に心身の健康を保持し,また,その知識と経験を活用して,社会的活動に参加するように努めるものとする。老人は,その希望と能力に応じ,適当な仕事に従事する機会その他社会活動に参加する機会を与えられるものとする。」

以上の,老人福祉法の理念のなかには,高齢者の豊かな生活文化の保障を国が行っていこうとする姿勢がみえます。

1982(昭和57)年,老人保健法制定にともない,高齢者の疾病の予防,治療,機能訓練等の保健事業を総合的に行うとしていますが,この頃から高齢者の福祉に経済的な対策が組み込まれてきました。

本格的な高齢社会の到来は,豊かに経済成長した日本の国においても,制度変革を余儀なくさせています。やがて,介護保険法の制定に向かってさらに,人口構成の変動が,年金制度やそれを含む社会保障制度の見直しに拍車をかけていきます。

④ 21世紀福祉ビジョン策定以降

少子高齢社会対策として,厚生省を中心とした自治省・大蔵省など三省合同で「21世紀福祉ビジョン」を発表しました。

そのなかで,エンゼルプラン,ゴールドプランが発表され,その後,障害者プランが発表されました。

ゴールドプランの正式名称は,「高齢者保健福祉推進十ヵ年戦略」というもので,平成2年から平成11年に至るまでの10ヵ年間で高齢者の保健福祉サー

ビス量の具体的到達目標値を設定したものです。これは，介護保険制度創設に向けた基盤整備とされています。

その後平成6年に新ゴールドプラン，また，平成11年には，平成12年から16年までの5年間に整備すべき介護サービス利用見込みが発表されました。これを踏まえて新たなプランを「今後5ヵ年間の高齢者保健福祉施策の方向（ゴールドプラン21）」と呼称し，策定発表されました。

また，平成9年に制定され，平成12年に施行された，「介護保険法」は，平成15年に実施された「支援費制度」とリンクされるか否かの議論のなか，平成17年には，大きく見直しがされることになっています。

人口高齢化の波は，高齢者のみならず障害者あるいは社会的弱者といわれた女性や子どもへの支援のあり方をかえてきています。また，社会を構成している一人ひとりへの価値観や経済負担のあり方など確実に変化してきています。かつて，福祉の対象者はスティグマを感じ，介護保険法施行された現代社会では，福祉サービスを利用し，その上でよりよい生活や人生を歩んでいける社会になりつつあります。サービスを受ける側と提供する側が対等関係となりつつありますが，むしろ社会全体のなかで，経済再分配をどのようにしていけば，国民全体が安心して生活していかれるかという視点が重要になってきています。

また，高齢者のみならず新しい福祉理念の浸透が国民全体の福祉を向上させる時代に近い将来必ずなっているといっていいでしょう。

3．高齢者の生活と文化

1）最低生活保障と文化

戦前戦後の高齢者福祉の動向をみてきたとおり，老人福祉法制定までは，施設保護中心でした。戦後，新しい日本国憲法が制定され憲法第25条に生存権が定められ「国民は最低限度の文化的・健康的な生活を保障されるものとする」とされました。実際には，戦後の復興期においては，日本国民の生活程度その

ものが文化的なものからは，程遠く，健康的生活を営むために必死でした。

しかし，戦後60年経った現在，高齢化社会に突入して20年以上経過した今日において，最低限度の生活保障を前提として，文化的生活への視点は欠かせないものとなってきています。

2）高齢者福祉理念

① ノーマライゼーション

昭和40年代後半にわが国に「ノーマライゼーション」という福祉理念が入ってきました。

知的障害者の福祉分野で，初め提唱された理念ですが，高齢者福祉においてはもちろん，すべての分野に共通の理念とされてます。

デンマークのN. E. バンク-ミケルセンによって唱えられ，立法化されています。

「福祉の通常化・普遍化」と訳されていますが，「障害があるものも障害が無い者と同等に生活し活動する社会をめざす。そのために生活条件の整備を行い，ほかの市民に与えられているのと同じ条件を提供すること」（社会福祉士養成講座編集委員会編集『障害者福祉論』中央法規，2003年，p.308）といいえられます。また，1980年代の米国ヴォルフェンスベルガーは，「少なくとも平均的な市民と同じ生活状態（収入，住居，保健サービスなど）を可能にするために，また障害者の行動（機能や行動など）をできるだけ豊かにしたり，高めたり，また支持したりするために，文化的に通常となっている諸手段（なじみのあるもので価値ある技術，道具，方法）を利用すること」（京極高宣監修『現代福祉学レキシンコ』雄山閣出版，1998年，p.131）としています。

② クオリティ・オブ・ライフ（QOL）

昭和50年代後半には，クオリティ・オブ・ライフ（QOL）の考え方が身体障害者の領域で紹介されました。

どのような障害があってももてる能力を最大に生かして，その人らしく生きる。一人ひとりの主体性ある生活のあり方を尊重したものです。高齢期にある

人たちも一人の意思ある主体者として，失いがちな身体能力や気力など，虚弱ななかにも自己実現を果たしていくよう支援されなければなりません。また，残存能力の活用（自己能力の開発）を図るなかに，それまでの生活の継続性を忘れてはいけません。

③　自立支援

介護保険法では介護の理念として，「自立支援」をうたっています自立支援とは「援助を必要としている人が，その持っている能力を最大限に発揮して'自分らしく生きる'ことを支援する」という考え方です。つまり，クオリティ・オブ・ライフの理念を実現させる支援といえます。

3）高齢者福祉における視点

①　生活者としての視点

介護保険制度化の契機になったといわれる，高齢者介護自立・支援システム研究会報告書には次の記述があります。

「今後の高齢者介護の基本理念は，高齢者自らの意思に基づき，自立した質の高い生活を送ることができるように支援すること『高齢者の自立支援』である。

従来の高齢者介護は，どちらかといえば，高齢者の身体を清潔に保ち，食事や入浴等の面倒をみるといった『お世話』の面にとどまりがちであった。今後は重度の障害を有する高齢者であっても，たとえば，車椅子で外出し，好きな買い物ができ，友人に会い，社会の一員としてさまざまな活動に参加するなど，自分の生活を楽しむことができるような，自立した生活の実現を積極的に支援することが，介護の基本としておかれるべきである。」

というものですが，このことは，介護を必要としない高齢者においても同様です。虚弱であったり，経済的に不安だったりする高齢期に，生活者として支援される視点は重要であります。

②　自己実現の視点

自己実現という言葉は「自分らしく生活すること」と言い換えられます。
また自己決定の尊重された生活でもあります。

③ 全人的理解の必要

　全人的理解というと，その方の今の暮らし方や，障害の程度からだけでなく，その方の生い立ちやどのような時代に生活されていたのだろうかとか，今の暮らしに至った経過などを含めて理解することの必要性をいいます。

　また，人間生活を24時間の生活リズム・一週間の生活リズム・一年間の生活リズム・一生涯のライフパターンのリズムとして理解しておくことも大切です。

④ 権利擁護の視点

　世界人権宣言第一条のなかには「すべての人間は，生まれながらにして自由であり，かつ尊厳及び権利について平等である。人間は理性と良心を授けられており，互いに同胞の精神をもって行動しなければならない」とあります。ともすると，人権侵害に陥りやすい虚弱な高齢者や認知症高齢者に対して，・人間関係におけるパートナーシップ，アドボカシー，エンパワメント，インフォームド・コンセントのもとで個人の自己決定が間違いのないよう配慮されなければなりません。

4．現代社会における高齢者福祉の課題

　現代社会は急速な人口高齢化及び社会構造の変化や核家族化によって高齢者の問題が大きく取り上げられ，社会問題化しています。高齢者問題の主要なものは，健康，住まい，介護者，経済，生きがいにまとめられます。

　介護福祉士や社会福祉主事等介護現場で働くことを決めている人は，高齢者福祉施設に生活されている高齢者の姿を高齢者の代表と見る向きもあるかもしれませんが，ゴールドプラン策定以来15年が経ち，介護保険法が施行され5年の年月が過ぎようとしている今日，在宅で介護サービスを利用しながら地域の一員で生涯を終わる方が多くなってきました。

　そうした時，高齢者の抱える問題は生活者としての社会対応が必要となってきます。施設利用者も地域生活されている高齢者もその人らしい生涯が安全に

送れるための社会施策を講じるためにも，高齢者が抱えている生活問題を正しく把握していかなければなりません。そうした高齢者の問題を把握するために，主に統計によって得られるデータを使用しますが，高齢者は個人差がかなり大きく，数字によって一般化された姿をどなたにも当てはめることはできません。数字や統計によって高齢者の一般的な生活問題を把握することができたなら，実際に出会える高齢者の方と多く接して，体験によって理解を深めていくことが大切です。

1）高齢者がすごしてきた時代の文化を知る

高齢者がすごしてきた時代の文化を知る方法としてはいろいろありますが，「回想法・ライフレビュー」や「高齢者からの聞き取り」によりその時代を知ることも，また共有することもできます。

「あなたが90歳の高齢者だったとして，生まれたときから現在までの年表を作成し，その時代の特徴的な出来事をレポートしなさい。」

あるいは「身近にいらっしゃる，後期高齢者のライフヒストリーを聞き取り，その時代の特徴的な出来事をレポートしなさい。」というテーマで文献を調べまとめてみることも有効でしょう。

2）高齢者の生活上の問題点や困難を知る

高齢者は，現在の生活に至るまでに多くの変化を体験してきています。

そんななかで，身体的な変化や家族変動を経て，一見健康でがんばって生活しているようにみえるなかにこんな生活を体験していたのかと驚いたことがあります。高齢者の生活上の問題点や困難を知る大切さを知った事例を紹介します。

ミニ デイ サービスでの事例（70代後半と80代前半の女性の会話）
「いつも家に帰ると大きな声で『ただいまー。』と言うの。誰もいないのにね。」
「そうそう，私も。」
「主人が亡くなったことを忘れてるのね。」

「この間，暗くなって帰った時，『ただいまー』って，いつものように言ってから玄関のところで大きな声で泣いちゃった。わーわーと涙でぐしょぐしょになっちゃった。」
「分かるわー」
はじめはひとり暮らしで無用心だから大きな声で「ただいまー」といっているのかなと思っていましたが，ひとりで暮らしていくということがどれだけ気を張っていなければならないのかということを知らされました。ミニ　デイサービスでは一頻り会話が弾んでいました。このチャンスを逃しては話す時がないというくらいの勢いでした。また，このミニ　デイ　サービスで出会った人たちが，その帰りに誘い合ってお茶を飲んだり，それ以外の日に会って話をしたり支えあったりしていることも聞き地域で生活するということの実際の困難さを知ることができました。これら高齢者の生活上の困難さや問題点を掘り当てて，解決の糸口を探していくことも高齢者福祉の重要な役割だと思います。

3）新しい価値の創造

現代の日本社会では，明治・大正・昭和の時代を生き抜いてきた後期高齢者の方たちが生きがいと後世に伝えていくべき価値規範を，生きた教科書として残しています。

一方，現代社会において制度がかなり急速に変化しているため，その新しい理念が浸透するまでに至っていません。

人生50年の時代から，人生80年の時代に望まれる高齢期文化について，最近にわかに注目されだしてきています。

平成16年5月31日の朝日新聞には，次のような広告が載っていました。

「きれいでいようと思う気持ちに，定年はありません。
『美容福祉』という言葉を知っていますか？
近ごろ，介護を必要としているご高齢の方が，化粧やおしゃれをすることで

イキイキとした気持ちを取り戻していく例が数多く報告されています。
髪をきちんと整えたり，化粧をしたりするだけでなく，じっくり話しに耳を
傾ける，必要とあれば，車椅子やベットの乗降りに手を貸してさしあげる。
美容と福祉，両方の資格を持った専門家だからこそできる，高齢社会の
新しいサービスの試み。それが『美容福祉』なのです。
『美しくありたい』と思う気持ちは，生涯ずっと変わらないもの。お年を
召されていても，とことん満足できるサービスが当たり前のように受けら
れる文化をつくる。
それが，わたしたち山野の願いです。」

　インターネットや出版物では，「高齢者のおしゃれ」「高齢者と音楽療法」「セラピューティックレクリエーション」「園芸療法」「アニマルセラピー（含む，介助犬）」等々，仕事（労働）・生活以外の文化的な項目を目にすることが多くなりました。
　少し前までには，高齢者の文化とされなかったものから，以前から高齢者が好んで築き上げてきたものまでいろいろありますが，高齢期といえども，芸術や文化を享受してこそトータルな生活者として，また，文化的人間として尊厳を主張できるのではないでしょうか。
　現在70代や80代の高齢者がすごしてきた時代の文化を知ることは，高齢者でないものにとっても豊かさを享受できることではないでしょうか。

4）在宅ターミナル

事例1

在宅ターミナルの例（『平成7年版厚生白書』より）
　以下は，先駆的な取り組みを行ってきた在宅ケアサービス提供組織，ライフケアシステム（東京）のなかで行われた医療の一例である。
　Hさんは，60歳の男性で外資系コンピューター会社の技術者。家族構成は妻，息子ひとり，娘2人の5人家族。一戸建て住宅に住む。クリスチャンではないが奥さんの影響でキリスト教に深い関心をもっていた。
　平成元年8月進行性の肺がん（小細胞癌）で入院。化学療法と病変部に放射

線療法実施後退院。平成2年8月肺がん再発（リンパ節の腫れ，脳転移）のため，再入院。化学療法と全脳に対する放射線照射を実施。この2回目の治療にあまり効果は現れなかった。周囲の患者さんがチューブをつけられ，酸素テントのなかで家族とも隔絶されて死んでいくのをみて（本人談），平成2年12月初めに自宅へ帰ることを決め，6日に退院。「遣り残したことを家に帰ってやりたいので退院する」という強い希望と「家に帰れば少しでも流動食を取り体力がつき，もう一度化学療法ができるのではないか」とわずかの希望をもっての在宅医療への移行であった。退院に先立ち，病院医師の紹介で，癌の在宅医療サービスで実績のある診療所医師を中心とした組織と連絡がとられていた。

　在宅では，まず非麻薬系の鎮痛剤を投薬した。しかしながら，観測の呼吸機能の低下に加え，吐き気をともなう頭痛や食欲不振がいちじるしくなってきた。そこで，翌7日には，経口麻薬系鎮痛薬の投与に移行した。食欲は進まず，半流動食。少量だが，「頑張って水分を取ってください。」との保健指導と本人の強い意志とにより，最後まで点滴なしで過ごす。13日，保健指導において，病状の進行にともなう呼吸機能の低下に備え，酸素吸入について奥さんに説明を十分行った。痛みを訴えることから，14日には経口麻薬系鎮痛剤を増量した。

　その後，12月中旬から1月半ばごろまでの間，肺がんの症状は徐々に進むが，食欲などはある程度保たれ，また，痛みはほとんどなく，ADL（日常生活動作能力）も良好であった。痰が切れにくくなってきたことから，訪問看護士の指導により，12月下旬からネブライザー（痰などが切れやすくするための加湿器）を始め，痰が出やすくなった。年末には家族が写真館で写真撮影するなど家族とも交流もなされた。

　1月下旬から，呼吸困難が激しくなり，準備していた酸素吸入を息苦しい時使用。1月21日「死の準備」を患者と医師2人だけで行う。その夜，息子，娘それぞれゆっくりと，語り残したことを話し合った。23日呼吸困難と全身状態の悪化。25日，ベッドで起き上がることが困難となり，末期状態と判断，奥さんに急変時の連絡方法を教える。洗礼を受ける。28日，安らかな顔，笑顔もみ

られる。苦痛なし。自然にまかせる。31日, すぐ眼を閉じ, 傾眠がちとなる。血圧やや低下, 要観察。2月1日, 傾眠傾向, 痩せが顕著に。2日, 呼吸困難強く, 長い会話不能となる。呼吸機能低下による低酸素状態からか精神症状出現。3日,「起こしてくれ」といい, 家族一人ひとりの手を両手でしっかり握り,「有難う」とお礼をいい, 家族は最期の別れのように感じた。4日, 呼吸不整, 脈拍120/分と頻脈, 血圧114-82, 傾眠傾向続く。奥さんに呼吸停止時の連絡方法と死体の解剖について説明する。6日15時30分（往診）意識レベル低下し, 刺激で顔をしかめたりする程度となる。6日21時38分,「息をひきとった」との電話が奥さんより入る。6日22時30分（往診）心停止, 呼吸停止, 瞳孔散大, 死亡を確認。死亡時刻は21時38分, 死因は肺がんによる呼吸不全。6日23時（訪問看護）, 奥さん, 娘さんとともに遺体清拭, 着替え等を行う。

　死亡1週間前から死亡までの往診, 訪問看護, 電話での支援の状況は, 以下のとおりであった。

	往診	訪問看護	電話	
1月31日	11:15 – 11:30		あり	毎朝7:00に医師か
2月1日	10:00 - 10:30		あり	ら容態の問い合わ
2日	13:30 - 14:15		あり	せ等（容態の確認と
3日	18:30 - 18:45		あり	家族の支援）
4日	10:30 - 11:00		あり	
5日			あり	
6日	15:30 - 16:30 + 22:30 - 22:45	23:00 - 24:00	あり	

事例2

老人医療に携わる医師の感想（平成7年版厚生白書より）

　施設のなかでなくなる高齢者に対する医療は, どのようなものになっているのだろうか。

老人医療に携わる医師の間では、次のようなことがいわれている。

「老年者は身体的精神的にいわゆる老化病体（老化性機能衰退）があり、その上に各種の病気、障害の変化が生じている。したがって、老年者の慢性病態は改善の方向に向かう可能性は少なく、根治療法の対象とはなりにくい。むしろADL（日常生活動作能力）の維持ないし向上、そしてQOL重視が主眼となる。

こうした老年患者について、どのような状態をもって終末期と判定するかというほどむずかしいことはない。

老年患者の特徴として個人差が大きく、また回復力が違う。かなり重症の肺炎に心不全を合併していて、誰がみても回復の見込みがなく、末期状態と思われる症例のなかで、治療により回復し、以前のADLに復帰できる症例があることを経験しているからである。このため、急性悪化の際は何をおいても全力投球しなければならないというのが現場の感覚である。

しかしながら、基礎疾患にがんがあって全身衰弱が激しく、複数の医師がみても明らかに末期状態であると判定できる場合、または治療を行っているにもかかわらず胸部レントゲンおよび心電図の変化、呼吸状態及び意識状態の悪化、基礎基準以下の血圧低下があり、明らかに数日以内に死に至ると考えられる状態になったときは、家族と十分に話し合いその意向を取り入れる配慮が必要と思われる。

延命処置を望まずという希望が強ければ、苦痛を取る治療は行うが、一方、昇圧剤の投与は行わず、自然死の道をとることになる。家族が医療関係者の場合は、自然死を選択するケースが多いが、今のところ延命処置を望む家族が多いのが現状である。

老年患者本人の意思を確認する方法はなく、ある程度家族の意思を尊重して終末期医療を行っているが、果たしてこれでよいのかどうか判断に迷うところも少なくない。」

事例3

高齢者総合福祉施設　潤生園　園長　時田純氏によると，潤生園（特別養護老人ホーム）の施設内での看取りの経過を次のように報告している。

1．1978年から1991年までの施設内死亡は，概ね定員の2割程度であった
2．1992年から施設内死亡が急増し，現在ではほとんどが施設内での看取りになっている。

① 医療機関での処置を経験した人々が増加した結果，施設で終わりを託されるケースが増加している。

図表1－10　潤生園のターミナルケアの3段階

(1) 死が近いと予見してからのトータルケア　　　　　　　　　　　　　　　　　高齢者総合福祉施設　潤　生　園

症　　　状	
病気の発症や再発・心身機能の低下	① 苦痛の有無，施設ケアの可否を判断する。
改善不能で死が近いと予見されたとき	② ご本人・家族に説明し，施設か入院か意向を確認する。
顔色が悪くなんとなく元気がない	③ ご本人・家族の希望を伺い終末期のケアプランをつくる。
褥瘡・肺炎など易感染性・出血傾向	④ 病状の変化を観察しつつ，適切なケアを選択する。
水分・食事摂取量の減少	⑤ 生きる意欲を引き出し，残存機能の働きを促す。
嚥下困難出現，体重減少（10～20%）	⑥ なるべく傍らにいて不安感を和らげる。
熱発傾向・バイタルの変動，不整脈出現	⑦ 合併症を予防するために，怠らずに介護に努める。
	⑧ 家族との連絡を緊密にし家族の不安も和らげる。
	⑨ 医療機関とも連絡を良く取り指示を受ける。

図表1－11　潤生園のターミナルケアの3段階

(2) 重篤になったときのトータルケア

症　　　状	
全身状態が衰弱し，バイタルサインが	① 終りの看取りにふさわしい環境（個室など）を整える。
不安定になり，以下の症状が出現	② ケアスタッフの協力体制を整え誰かが付き添う。
呼吸困難，喘鳴出現，失禁，発汗	③ 心のこもったケアにより心身の苦悩の緩和に努める。
水分・食事摂取不能，口腔乾燥	④ 家族が一緒に看取れるための環境を用意する。
嚥下困難，脱水症状，容貌の変容	⑤ 安らかな終わりへのケアプランを再検討する。
意識喪失，チアノーゼ出現	⑥ 意図的に穏やかな会話などコミニケーションに努める。
呼吸・心拍停止	⑦ 症状の変化を家族に報告し，心の準備を援助する。
	⑧ 管理医師に報告し指示を受ける。
	⑨ 臨終の経過を静かに看取る。

図表1－12　潤生園のターミナルケアの3段階

課　　　題	
亡くなられたその時とその後	① ご遺族に同情し，お悔やみを申し上げる。
	② ご遺族だけでお別れができる環境を整える。
	③ ご遺族が同席できなかった場合は直ちに報告する。
	④ ご遺体の死後処置を丁重に行う。
	⑤ ご遺体の出棺にはなるべく多くの職員がお見送りする。
	⑥ ご葬儀終了後，頃合いを見て手紙などでご遺族を慰める。

②施設でのターミナルを評価する人が増えたこと
③介護食の開発で経口摂取が可能になり，入院の必要が少なくなった事が大きく寄与している。

　潤生園では，ターミナルステージにおけるあらゆる場面を研究・分析して，「ターミナルケアの3段階」としてまとめ，施設のケアスタッフがターミナルをトータルにケアしています。その結果，「特養でのターミナルケアは医療モデルの真似ではなく，『人が人の天寿を支えるという理念』と，医療・看護・介護チームによる『寄り添うケア』で，ターミナルを支える。」としています（図表1－10.11.12参照）。
　以上，潤生園の試みですが，この事例のように，全人的に看取りをして行こうという試みや実践が提言され始めています。医療現場での終末を迎えることが多かった時代から，住み慣れた自宅での終末期を迎えることが福祉の中で考えられる時代となりました。

5）高齢者福祉の課題とは

　高齢者福祉の課題とは，人が単に高齢になったときの問題点をいうだけでなく，時代に応じて課題は広がり解決方法の模索に応じて，よりよい解決むけての知恵や工夫や施策を生み出していきます。個人がこれから向かう高齢世代。また社会が向かう超高齢社会。一人ひとりの人生に大きく影響を与えている課題について，考える機会としてほしいものです。

第2章 高齢者問題

　高齢者問題を見る場合に，大きく2つの視点があると思います。ひとつは社会の側から問題と考える視点と，高齢者自身の側から問題と思う視点です。ここでは，岡村重夫のいう生活ニーズ（経済，健康，文化，娯楽，教育の機会，職業の機会，家族関係）を参考にしながら，できるだけ高齢者の側の視点で高齢者問題を考えてみたいと思います。

1．健　　康

　人はよく「健康は最高の財産である」だとか，「失ってみて初めて分かる健康のありがたさ」などと言います。人は若い時や働き盛りの時には，余り気にならない体力の衰えや加齢にともなう変化についても，ひとたび，不具合が自覚症状となって現れた時には不安に駆られるもののようです。とくに社会の第一線から退いた高齢者にとっては，残された時間を自力で過ごすことができるか否かについては，重大関心事なのです。社会学の研究のひとつで，「ぽっくり信仰」の研究というのがあり，このなかで高齢時代を迎えた現在ほど「ぽっくり信仰」が盛んな時代はかつてなかったというのです。もちろん過去に全くなかったといっているのではありませんが，ぽっくりと苦しまずに死にたいとか，長患いをして他人に介護されるようなことなく，コロリと死にたいとの願望を叶える御利益があるとばかりに，高齢者の心を掴んでいる寺社の多いことを報告しているのです。こうした現象は長寿社会の不安を物語っているのでしょうか。

　また，大阪に「笑う門には福来たる」を実践する笑い学会というのがあります。生活のなかで如何に多くの笑いをとりいれるかを大真面目に考え，実行している団体です。そこではPPKというのを奨励しています。YKKは政治の世界の話ですが，PPKとは，聞いてびっくり「ぴんぴんころり」の略なのです。

つまり死ぬ直前まで元気でいて、病まず・苦しまずこの世に未練を残さずにコロリと死ぬるが理想なり‥‥。ということなのだそうです。それには、日頃から偏食をせず、粗食に努めること。なるべく手作りのスローフードを食べる、養生・快眠・快食・快便を心がけるよう勧めています。大声で笑う効果は腹式呼吸で体内に酸素を取り入れるために免疫力が高まるのだそうです。また、ここでは肩肘張らずに（体に余分な力を入れずに）良い加減に生きていくことが大事であると提唱しているのです。医学や心理学の世界でも笑いがもたらす効用や心身に及ぼす影響などについての研究報告がなされているところを見ると、この会の提唱する笑いがもたらす健康効果はあながち根拠のないことではないようです。

ところで、以下の図は厚生労働省が行った平成13年度「国民生活調査」の結

図表2－1　65歳以上の高齢者の有訴者率及び日常生活に影響のある者の率

（65歳以上人口千対）

有訴者率	総数	502.7
	男 65～74歳	439.6
	男 75～84歳	521.4
	男 85歳以上	543.7
	女 65～74歳	505.9
	女 75～84歳	559.5
	女 85歳以上	548.4
日常生活に影響のある者の率	総数	235.0
	男 65～74歳	178.1
	男 75～84歳	266.0
	男 85歳以上	383.5
	女 65～74歳	183.5
	女 75～84歳	301.5
	女 85歳以上	440.3

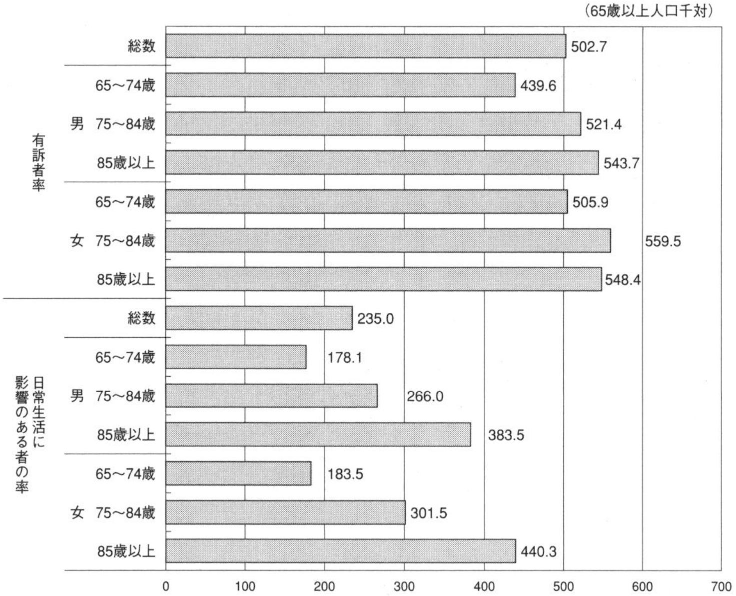

資料：厚生労働省「国民生活基礎調査」（平成13年）

第2章 高齢者問題　43

果で高齢者の健康に関する部分をまとめたものです。

図表2－1は，65歳以上の高齢者の有訴者率及び日常生活に影響のある者の率を示しています。人口千人当たり502.7が何らかの自覚症状ありと答えています。さらに，日常生活に支障があると答えている65歳以上の者の割合は，人口千人当たり235.0となっており，年齢別には高齢層ほど大きく，また男性より女性の方が高い割合といえます。

図表2－2は，日常生活への影響を内容別に示しています。高い割合の項目は外出（104.1），日常生活動作（102.4）で，次に仕事・家業・（92.7），運動・スポーツ（62.3）となっています。これを男女別に見ると男性は日常生活動作，女性は外出が最も高くなっています。

図表2－3は，健康増進のために心がけていることの内容を表しています。最も高いのは，「休養や睡眠を十分にとる」で60.4％で最も高く，次に「規則正しい生活を送る」53.0％。「栄養バランスのとれた食事をとる」49.5％となっ

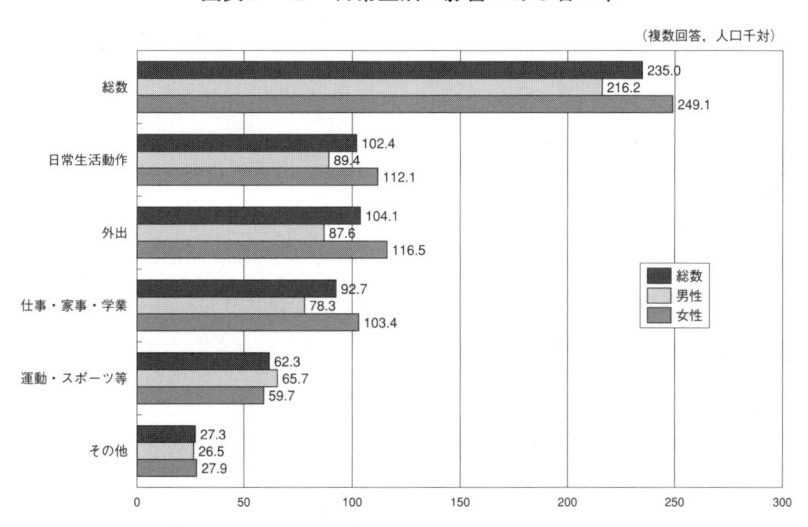

図表2－2　日常生活に影響のある者の率

(複数回答，人口千対)

	総数	男性	女性
総数	235.0	216.2	249.1
日常生活動作	102.4	89.4	112.1
外出	104.1	87.6	116.5
仕事・家事・学業	92.7	78.3	103.4
運動・スポーツ等	62.3	65.7	59.7
その他	27.3	26.5	27.9

資料：厚生労働省「国民生活基礎調査」（平成13年）

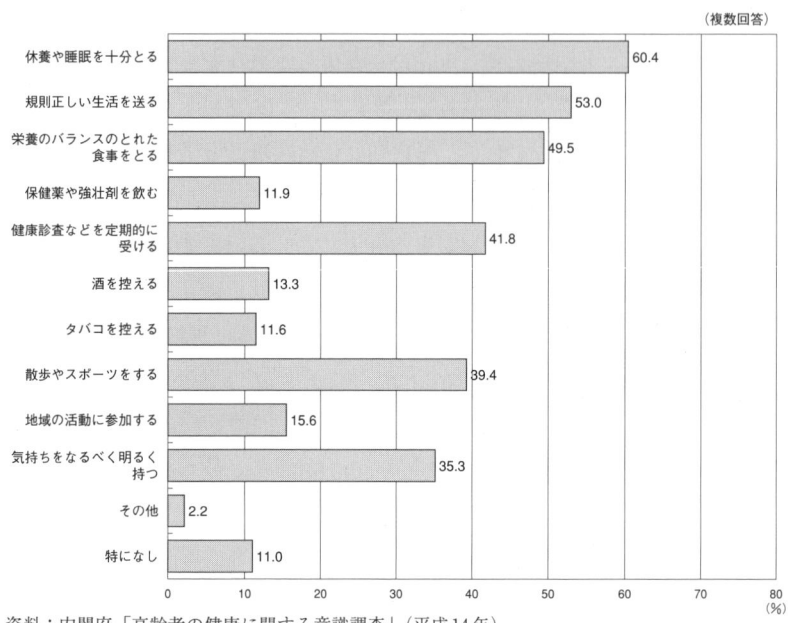

図表2－3　健康の維持増進のために心がけていることの内容

(複数回答)

項目	%
休養や睡眠を十分とる	60.4
規則正しい生活を送る	53.0
栄養のバランスのとれた食事をとる	49.5
保健薬や強壮剤を飲む	11.9
健康診査などを定期的に受ける	41.8
酒を控える	13.3
タバコを控える	11.6
散歩やスポーツをする	39.4
地域の活動に参加する	15.6
気持ちをなるべく明るく持つ	35.3
その他	2.2
特になし	11.0

資料：内閣府「高齢者の健康に関する意識調査」(平成14年)
(注) 全国65歳以上の男女を対象とした調査結果

ています。また，65歳以上の高齢者の6割が過去1年間に健康診断や人間ドックを受けたことがあると答えています。

図表2－4は，65歳以上の高齢者の主な死因別死亡率の推移を表しています。65歳以上の高齢者人口10万人相当に対する死亡者数を示す死亡率は，「ガン」が977.5と最高になっています。次いで「心疾患」554.2，「脳血管疾患」505.4，の順になっており，これらの疾病が高齢者の死因の6割を占めています。このことは，高齢者の介護にも深く関わることになるのです。

図表2－5は，主な疾病別にみた受療率を表にしています。受療率の高い疾病は，入院で「脳血管疾患」男性739，女性282，「悪性新生物」男性546，女性282，外来では「高血圧性疾患」男性1,612，女性2,222，「脊柱障害」男性

第2章 高齢者問題

図表2－4 65歳以上の高齢者の主な死因別死亡率の推移

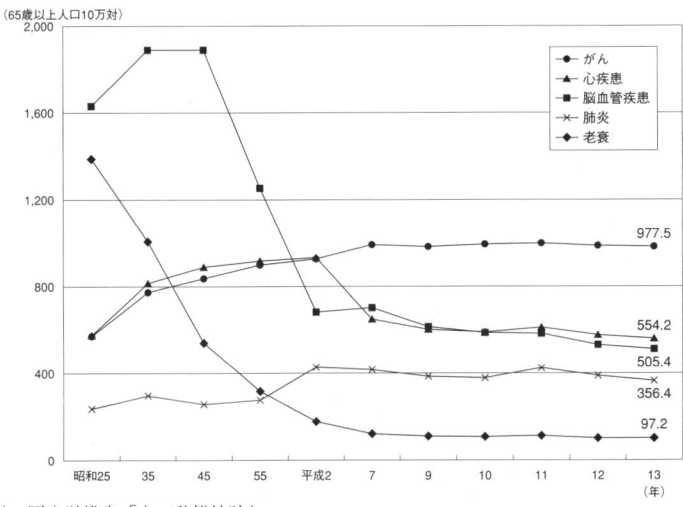

（65歳以上人口10万対）

凡例：がん／心疾患／脳血管疾患／肺炎／老衰

平成13年の値：
- がん 977.5
- 心疾患 554.2
- 脳血管疾患 505.4
- 肺炎 356.4
- 老衰 97.2

資料：厚生労働省「人口動態統計」

図表2－5 主な傷病別にみた受療率（人口10万対）

		男			女		
		65歳以上全体	65～74歳	75歳以上	65歳以上全体	65～74歳	75歳以上
入院	総数	3,723	2,846	5,454	4,041	2,130	6,404
	悪性新生物	546	486	666	282	231	346
	高血圧性疾患	48	24	96	121	27	237
	心疾患（高血圧性のものを除く）	211	138	356	269	93	488
	脳血管疾患	739	459	1,293	935	306	1,712
外来	総数	12,280	11,297	14,220	13,212	12,796	13,727
	悪性新生物	441	400	522	232	234	231
	高血圧性疾患	1,612	1,476	1,881	2,222	1,941	2,569
	心疾患（高血圧性のものを除く）	583	452	842	543	391	732
	脳梗塞	491	341	786	424	226	667
	脊柱障害	1,304	1,141	1,627	1,387	1,330	1,459

資料：厚生省「患者調査」（平成11年）より作成
（注）受療率とは推計患者数を人口で除して人口10万対であらわした数

1,304，女性1,387，となっています。図表2－4と関連させてみてください。

図表2－6は，要介護者等の性別にみた介護が必要となった主な原因を表しています。

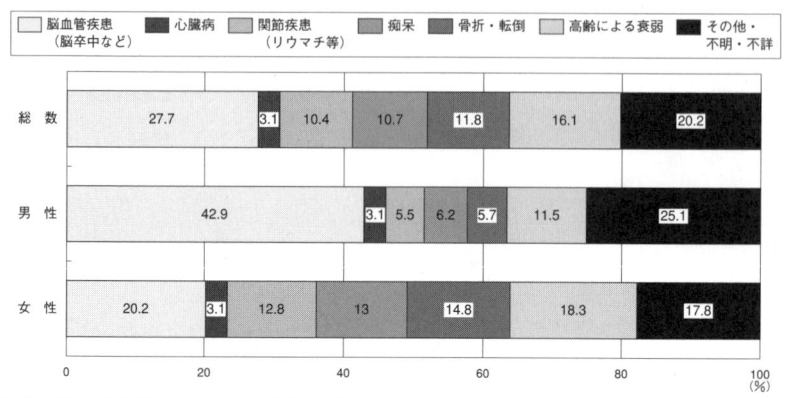

図表2－6　要介護者等の性別にみた介護が必要となった主な原因

	脳血管疾患（脳卒中など）	心臓病	関節疾患（リウマチ等）	痴呆	骨折・転倒	高齢による衰弱	その他・不明・不詳
総数	27.7	3.1	10.4	10.7	11.8	16.1	20.2
男性	42.9	3.1	5.5	6.2	5.7	11.5	25.1
女性	20.2	3.1	12.8	13	14.8	18.3	17.8

資料：厚生労働省「国民生活基礎調査」（平成13年）

　27.7％が「脳血管疾患」が最も高く，次いで，「高齢による衰弱」16.1％，「骨折・転倒」11.8％，「痴呆（現認知症）」10.7％となっています。男女別でみると男性の「脳血管疾患」が42.9％と高くなっています。

　ここまでみてくると，皆さんは何か気づいたことがありませんか。そうです。いずれのデータからも程度の差こそあれ男女の格差があることです。このことから，高齢者の健康問題を疾病構造や介護の側面から考えるときに，性差は重要な視点といえるでしょう。また，ここでWHOの健康の定義を持ち出すまでもありませんが，健康は病気があるか無いかのみで決まるものではありません。だいぶ以前になりますが，都内の某下町地区で健康意識調査を実施したことがあるのですが，その結果は驚くべきものでした。回答者は20歳以上の成人男女でしたが，自分にとっての健康とは，病気にならないように健康診断を受けることやスポーツや早朝のラジオ体操をして体力作りに心がけることの他に，寺社参拝，旅行，趣味活動，町内活動・行事，祭りなど，楽しい活動，嬉しい体験，地域社会での共同作業，祭祀など実に多岐にわたるものでした。私たちが高齢者の健康問題を考える場合も同様ですが，ステレオタイプの固定的な高齢

者像を一度払拭しないと，高齢層の真の姿や思いに近づくことができないのではないでしょうか。少なくとも現代の高齢者問題を考える場合とくに，この点を銘記しておきたいと思います。

2．介護の現状

わが国は1970（昭和45）年に，国連のいう高齢化社会（老年人口比率7％を超えた社会）の仲間入りをしましたが，1994年には老年人口比率が14％を超えて，その間わずか24年で高齢社会となりました。そして平成15年5月5日付け新聞報道では，老年人口比率は19.3％と記されています。そしてわが国の高齢化の特徴は，高齢化のスピードが他の先進諸国に比べて速いこと，75歳以上の後期高齢者の増加が顕著なこと，さらに高齢化の地域格差があることなどです。

こうした実態を踏まえて，短期間の緊急な高齢者福祉対策が求められた事に対して，とりわけ緊急度の高い介護問題を解消するべく公的介護保険制度が，2000年の4月からスタートしました。なお介護保険の制度・仕組みについては第4章で述べます。ここでは介護問題を知る手がかりとして，介護の実態についてみることにします。

まず，図表2－7は，平成13年度末現在の要介護者等高齢者等の状況（要介

図表2－7　要介護等高齢者の状況（要介護等認定者数）

(単位：人)

	認定者総数	要支援	要介護1	要介護2	要介護3	要介護4	要介護5
被保険者総数	2,982,683 (100.0)	389,869 (13.1)	874,720 (29.3)	562,942 (18.9)	388,646 (13.0)	389,075 (13.0)	377,431 (12.7)
うち第1号被保険者（65歳以上の認定者）	2,877,249 (100.0)	385,413 (13.4)	847,523 (29.5)	535,678 (18.6)	372,916 (13.0)	375,600 (13.1)	360,119 (12.5)
うち65～74歳	519,537 (100.0)	71,992 (13.9)	154,320 (29.7)	103,860 (20.0)	65,544 (12.6)	59,957 (11.5)	63,864 (12.3)
75歳以上	2,357,712 (100.0)	313,421 (13.3)	693,203 (29.4)	431,818 (18.3)	307,372 (13.0)	315,643 (13.4)	296,255 (12.6)

資料：厚生労働省「平成13年度介護保険事業状況報告年報」
(注1) 平成13年度末現在
(注2) (　)内は認定者総数に占める割合（単位：％）
出典）内閣府編『平成15年版高齢社会白書』ぎょうせい，36ページ

護等認定者数）を示しています。第１号被保険者（65歳以上）の約３割は要介護１でもっとも多く，第１号被保険者の要介護認定者の内約６割強が要介護２以下で占められています。また，第１号被保険者の認定者は2,877,249人となり，全認定者の約21％が老人保険施設入所者ですがほとんどは在宅であることが分かります。また，図表２－８は要介護者の内痴呆（ランクⅢ以上）のある割合を示していますが，在宅の高齢者よりも施設入所者の割合が圧倒的に高くなっています。さらに施設利用者を要介護度別にみると，介護療養型医療施設ほど

図表２－８　要介護者のうち痴呆（ランクⅢ以上）のある者の場合

(単位：％)

在宅要介護者等		施設在所者		
男	女	介護老人福祉施設	介護老人保健施設	介護療養型医療施設
9.6	13.6	63.8	53.4	70.6

資料：厚生労働省「国民生活基礎調査」（平成13年），「介護サービス施設・事業所調査」（平成13年）
(注１)　64歳未満の要介護者等を含む。
(注２)　在宅要介護者等は，医師による診断を受け痴呆と診断された者の割合。
(注３)　「痴呆あり」のランクは，「痴呆性老人の日常生活自立度判定基準」による。ランクⅢとは「日常生活に支障を来すような症状・行動や意志疎通の困難さがときどきみられ，介護を必要とする」状況をいう。

図表２－９　要介護者等のいる世帯の世帯構造

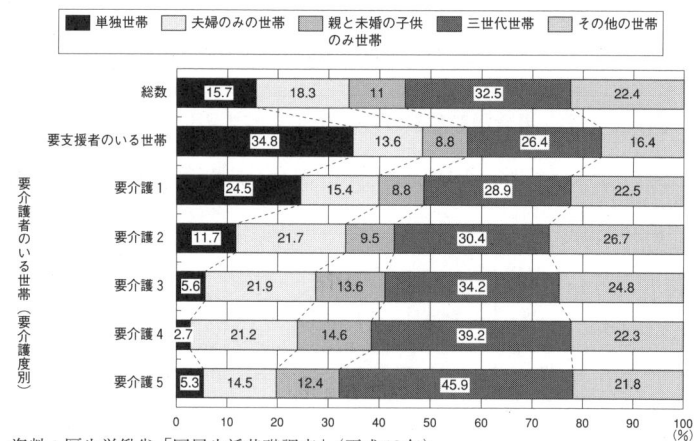

凡例：単独世帯　夫婦のみの世帯　親と未婚の子供のみ世帯　三世代世帯　その他の世帯

要介護者のいる世帯（要介護度別）

	単独世帯	夫婦のみの世帯	親と未婚の子供のみ世帯	三世代世帯	その他の世帯
総数	15.7	18.3	11	32.5	22.4
要支援者のいる世帯	34.8	13.6	8.8	26.4	16.4
要介護1	24.5	15.4	8.8	28.9	22.5
要介護2	11.7	21.7	9.5	30.4	26.7
要介護3	5.6	21.9	13.6	34.2	24.8
要介護4	2.7	21.2	14.6	39.2	22.3
要介護5	5.3	14.5	12.4	45.9	21.8

資料：厚生労働省「国民生活基礎調査」（平成13年）
（注）　１世帯に複数の要介護者等がいる場合は，要介護の程度が高い者のいる世帯に計上した。

要介護度が高く，介護保健施設には要介護度の低い者が多く入所しています。

次に，図表2－9は，要介護者のいる世帯の世帯構造を示しています。要介護度が上がるに従い三世代世帯の割合が高くなっていますが，一方で介護サービスは必要でも介護の手がないという単独世帯や，夫婦のみ世帯も相当数存在することがわかります。

また，図表2－10は要介護者からみた主な介護者の続柄を示していますが，配偶者が25.9％ともっとも高く，次いで同居の子の配偶者22.5％，同居の子19.9％となっています。さらにこの介護者を男女別にみると，夫8.2％に対して妻17.6％，娘の夫0.5％に対して息子の妻22.1％，息子7.6％，娘12.3％で，いずれの場合も男性より女性の割合が高くなっています。ところでこれら居宅の要介護者のいる世帯では介護サービスをどの程度利用しているのでしょうか。その内訳を示しているのが図表2－11ですが，何らかのサービスを利用したとする世帯が75.6％で4世帯の内3世帯が何らかのサービスを利用しています。サービスの種類を世帯構造別にみると，単独世帯では居宅サービスの利用割合が86.8％と高く，なかでも「訪問サービス」71.0％，「通所サービス」30.4％，「配食サービス」16.4％となっています。同様に三世代世帯では居宅サービス利用率は75.2％で，内「通所サービス」55.4％，「訪問サービス」30.3％，

図表2－10　要介護者等からみた主な介護者の続柄

（単位：％）

同居の家族等介護者の男女別内訳(単位：％)				
配偶者	男（夫）	8.2	女（妻）	17.6
子	男（息子）	7.6	女（娘）	12.3
子の配偶者	男（娘の夫）	0.5	女（息子の妻）	22.1
父母	男（父親）	0.04	女（母親）	0.4
その他の親族	男	0.5	女	1.9
合計	男	16.8	女	54.3

円グラフ：
- 配偶者 25.9
- 同居 71.1
- 子 19.9
- 子の配偶者 22.5
- 父母 0.4
- その他の親族 2.3
- 別居の家族等 7.5
- 事業者 9.3
- 不詳 9.6
- その他 2.5

資料：厚生労働省「国民生活基礎調査」(平成13年)

「短期入所サービス」15.5％の順となっていて，世帯構造により利用するサービス内容に若干の違いがあることが明らかです。

これは，世帯構造によって有するニーズの違いを示しているということでしょう。

2000（平成12）年4月にスタートした介護保険制度の創設は，それまで極めて私的な問題と考えられてきた老人介護の問題を社会的な土俵に引き出し，その実態の深刻さを世間に知らしめる事になりました。また，同時に老人問題のひとつである介護問題を社会全体（現役世代）で支え合うという市民の相互扶助思想や連帯意識がどの程度育っているか，いわば市民社会の成熟度を計る役割も担っているといえるでしょう。

現在の高齢層の多くは，戦争により壊滅的な打撃を受けたわが国を，豊かで安心して暮らせるように経済的にも社会的にも発展させる原動力となってそれぞれの分野で働いてきた人たちです。いつの場合も個人の好むと好まざるとによらず，その時代が選択した状況のなかにあって良かれ悪しかれ影響を被って生きているのが私たち庶民です。現在の高齢者が戦争の惨禍に巻き込まれたよ

図表2－11　要介護者等の世帯構造別にみた居宅サービスの利用状況

（単位：％　複数回答）

居宅サービスの利用状況	総数	単独世帯	核家族世帯	(再掲)夫婦のみの世帯	三世代世帯	その他の世帯	(再掲)高齢者世帯
総数	100.0	100.0	100.0	100.0	100.0	100.0	100.0
利用した	75.6	86.8	69.2	70.6	75.2	77.4	78.2
訪問サービス	41.8	71.0	45.0	45.5	30.3	34.5	54.7
通所サービス	44.0	30.4	34.2	32.6	55.4	20.1	33.0
短期入所サービス	12.1	4.3	7.5	8.3	15.5	18.7	8.9
配食サービス	5.2	16.4	6.4	7.5	0.9	2.3	10.8
外出支援サービス	3.1	5.9	4.4	4.9	1.9	1.2	4.6
利用しなかった	24.4	13.2	30.8	29.4	24.8	22.6	21.8

資料：厚生労働省「国民生活基礎調査」（平成13年）
(注1)「訪問サービス」には訪問介護，訪問入浴介護，訪問看護，訪問リハビリテーション，「通所サービス」には通所介護，通所リハビリテーション，「短期入所サービス」には短期入所生活介護，短期入所療養介護を含む。
(注2)　居宅サービスの種類の「利用した」の総数には，上記サービスの他，痴呆対応型共同生活介護，寝具類等洗濯乾燥消毒サービス，情報提供・相談サービス，保健事業による機能訓練，保健事業による訪問指導を含む。

うに，いま現役世代の私たちは超高齢社会のただなかにあります。現役世代と高齢者世代の相互支援の体制作りには，その根底にそれぞれの世代に対する理解と，そのための共感体験が重要な鍵となるのではないでしょうか。給付と負担の論理ばかりを振り回して世代同士を敵対させ，かつてのような姥棄て山を復活させることのないように，私たちは気持ちを引き締めてこの問題に取り組みたいものです。

3．経済生活

平成6年に政府の諮問機関より出された「21世紀福祉ビジョン」によると，日本の21世紀の福祉像は，少子・高齢化の進展のなかにあっても，「国民誰もが安心できる活力のある福祉社会」を目指すとしています。このなかでは，少子化，高齢化に対する具体的な対策を示し，かつまた福祉・保健・医療のみならず，雇用，住宅，教育などの周辺領域の充実整備についても言及しています。また，多子・少高齢者時代から少子・多高齢者時代へという人口構造の転換が，社会，経済に及ぼす影響を考慮すると，社会保障の給付と負担のバランスについても再検討せざるを得ないという事が述べられています。

そして平成16年4月現在，進行中の年金制度改革，医療保険制度を中心とする社会保険制度の見直しなどは，正にこの福祉ビジョンの基本理念に基づいた改変の具体化に他なりません。ところがどうでしょうか，国会では年金制度改革についての議論の最中，事もあろうか閣僚の国民年金の未納が発覚しました。何ともお粗末な話ではありませんか。呆れて言葉も出ませんし，自分たちの将来をあのような国会議員に託して良いのかやりきれない気持ちになります。制度の不備もあるとはいうものの，正直者だけが馬鹿をみるような社会は願い下げです。現在の高齢者の多くが，何らかの年金を受給して生活し，それが高齢者の経済生活を支えている以上，これらの問題をうやむやにするべきではないと思いますが，ここでは，高齢者の生活実態についてまずきちんとみておくことにいたしましょう。

国民生活基礎調査によると，平成13年度の母子世帯を除く一般世帯1世帯の平均所得額（平均世帯人員3.10）が676万6千円であるのに対して，高齢者世帯（平均世帯人員1.56）のそれは304万6千円となっています。この状況を高齢者はどのようにとらえているのでしょうか。

図表2－12は同調査から，高齢者世帯または，これに18歳未満の者が加わった世帯の生活意識について表したものです。結果は，全世帯において，「苦しい」又は「やや苦しい」と回答する割合よりも高齢者世帯，またはこれに18歳未満が加わった世帯の方がその割合が低くなっています。

図表2－13は高齢者の所得の内訳を示していますが，所得の65.7％は公的年金や恩給が占めています。次いで稼働収入（20.5％），家賃・地代（6.4％）という順になっています。また，個人所得をみると，65歳以上の男性の平均所得は303.6万円，女性は112.4万円と女性は男性の1／3にすぎず，所得のない者の割合も，65歳以上で男4.4％に対して女16.5％と女性が大きく上回っています（図表2－14）。

図2－15は，高齢者の所得分布を表しています。100～200万円未満が24.9％ともっとも多く，次が200～300万円未満が20.6％，300～400万円未満

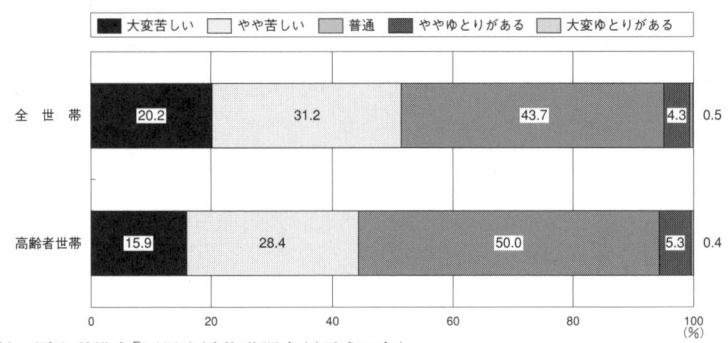

図表2－12　高齢者世帯における生活意識

	大変苦しい	やや苦しい	普通	ややゆとりがある	大変ゆとりがある
全世帯	20.2	31.2	43.7	4.3	0.5
高齢者世帯	15.9	28.4	50.0	5.3	0.4

資料：厚生労働省「国民生活基礎調査」（平成13年）
（注）高齢者世帯とは65歳以上に者のみで構成するか，又はこれに18歳未満の未婚の者が加わった世帯をいう。

図表2－13 高齢者世帯の所得

区分		平均所得金額（平成12年）		
		一世帯当たり		世帯人員一人当たり（平均世帯人員）
高齢者世帯	総所得	319.5万円		203.6万円（1.54人）
	稼働所得	65.6万円	(20.5％)	
	公的年金・恩給	209.8万円	(65.7％)	
	家賃・地代の所得	20.3万円	(6.4％)	
	利子・配当金	4.7万円	(1.5％)	
	年金以外の社会保障給付金	5.2万円	(1.6％)	
	仕送り・その他の所得	13.9万円	(4.3％)	
全世帯	総所得	616.9万円		212.1万円（2.75人）

資料：厚生労働省「国民生活基礎調査」（平成13年）
(注) 高齢者世帯とは，18歳以上の者のみで構成するか，又はこれに18歳未満の者が加わった世帯をいう。

が17.5％，100万円未満が14.5％となっています。その一方で，生活保護を受給している生活に困窮しているとする65歳以上の者は37.7％となっていて，公的扶助の受給年齢階層でみると高齢者の受給割合が最も高いのです。さらにその内訳をみると単身世帯が26.8％で，しかも女性単身世帯は16.5％を占めている事がわかります（図表2－16）。

次に65歳以上が世帯主の世帯（単身世帯を除く）について貯蓄の状況をみると，2000年度では1世帯平均貯蓄額が2,739.4万円となっていて，全世帯の約1.5倍に相当することがわかります。また，世帯主65歳以上の世帯の約3割が3千万円以上の貯蓄を有すると答えています（図表2－17）。

また，内閣府の別の調査で，高齢者の老後の備えとして現在の貯蓄額が，十分であるかの質問に対して「十分」「最低限はある」「足りると思う」を合計すると34.1％であるのに対して，「足りない」「少し足りない」と答えた者は57.1％となっている。しかも年齢が低くなるほど「足りない」が高くなる傾向にあります。

図表2－18は，世帯主65歳以上世帯の消費支出構成比の推移を表しています。内訳をみると「食料」の割合が高いのですが徐々にその割合が低下しているのに対して，交通・通信，保健医療の割合が上昇していることがわかります。

以上の調査データから何が読み取れるでしょうか。まずひとつには，現在の

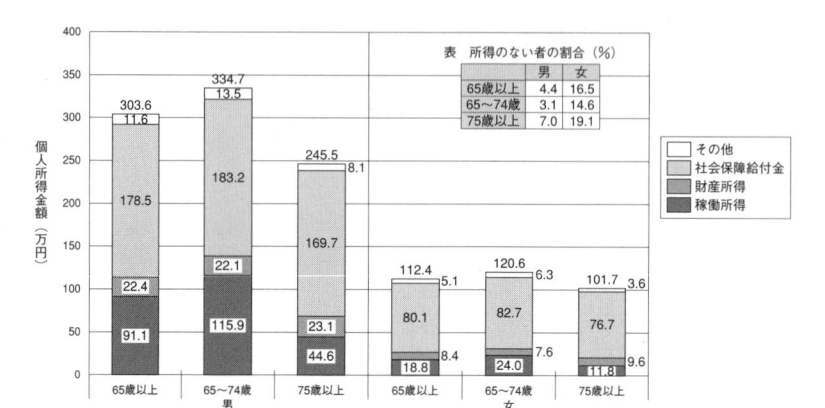

図表2-14 高齢者の所得水準（平成12（2000）年，所得の種類別）

表 所得のない者の割合（％）

	男	女
65歳以上	4.4	16.5
65～74歳	3.1	14.6
75歳以上	7.0	19.1

個人所得金額（万円）

男
- 65歳以上：303.6（稼働所得91.1、財産所得22.4、社会保障給付金178.5、その他11.6）
- 65～74歳：334.7（115.9、22.1、183.2、13.5）
- 75歳以上：245.5（44.6、23.1、169.7、8.1）

女
- 65歳以上：112.4（18.8、8.4、80.1、5.1）
- 65～74歳：120.6（24.0、7.6、82.7、6.3）
- 75歳以上：101.7（11.8、9.6、76.7、3.6）

凡例：その他／社会保障給付金／財産所得／稼働所得

資料：平成14年度厚生労働科学研究（政策科学推進研究）「医療負担のあり方が医療需要と健康・福祉の水準に及ぼす影響に関する研究」における「国民生活基礎調査」個票の再集計結果

（注）所得のない者を含んだ平均値。稼働所得とは，雇用者所得，事業所得，農耕・畜産所得，家内労働所得の合計，いわゆる就労による所得。財産所得は家賃・地代の所得，利子・配当金の合計，社会保障給付金は公的年金・恩給，その他の社会保障給付金の合計，その他は上記以外の所得の合計

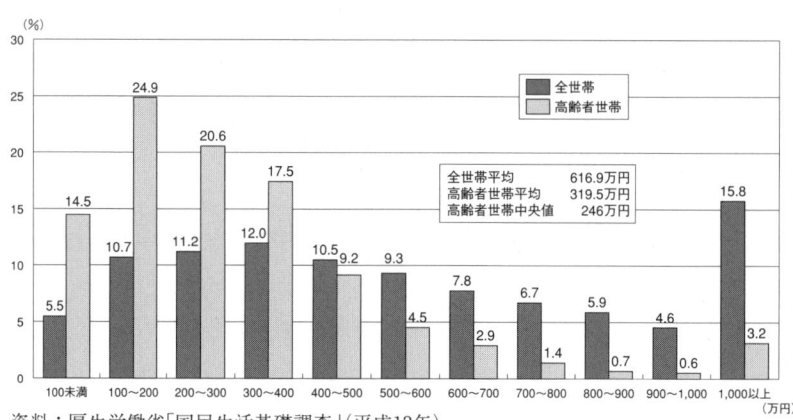

図表2-15 高齢者世帯の年間所得の分布

（％）

全世帯平均　616.9万円
高齢者世帯平均　319.5万円
高齢者世帯中央値　246万円

所得階級（万円）	全世帯	高齢者世帯
100未満	5.5	14.5
100～200	10.7	24.9
200～300	11.2	20.6
300～400	12.0	17.5
400～500	10.5	9.2
500～600	9.3	4.5
600～700	7.8	2.9
700～800	6.7	1.4
800～900	5.9	0.7
900～1,000	4.6	0.6
1,000以上	15.8	3.2

資料：厚生労働省「国民生活基礎調査」（平成13年）

（注）高齢者世帯とは，65歳以上の者のみで構成するか，又はこれに18歳未満の未婚の者が加わった世帯をいう。

図表2－16　性・年齢別にみた被保護人員（単身世帯再掲）

		総数	65歳以上	うち単身世帯
人員（人）	総数	1,191,151	449,320	319,665
	男	544,653	180,528	122,743
	女	646,498	268,792	196,922
割合（%）	総数	100.0	37.7	26.8
	男	45.7	15.2	10.3
	女	54.3	22.6	16.5

資料：厚生労働省「平成14年被保護者全国一斉調査（基礎調査)」

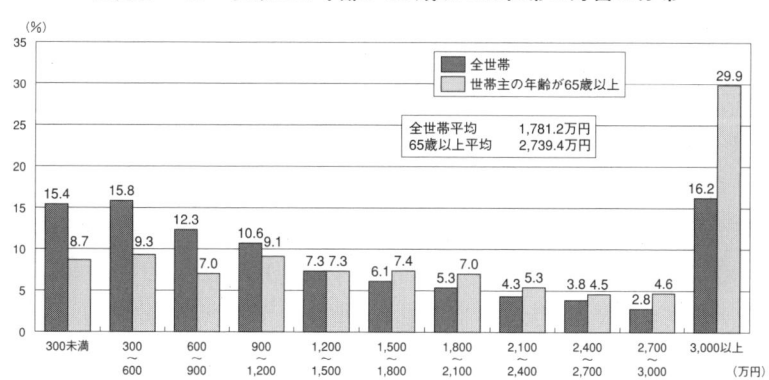

図表2－17　世帯主の年齢が65歳以上の世帯の貯蓄の分布

全世帯平均　1,781.2万円
65歳以上平均　2,739.4万円

階級（万円）	全世帯	世帯主の年齢が65歳以上
300未満	15.4	8.7
300～600	15.8	9.3
600～900	12.3	7.0
900～1,200	10.6	9.1
1,200～1,500	7.3	7.3
1,500～1,800	6.1	7.4
1,800～2,100	5.3	7.0
2,100～2,400	4.3	5.3
2,400～2,700	3.8	4.5
2,700～3,000	2.8	4.6
3,000以上	16.2	29.9

資料：総務省「貯蓄動向調査」(平成12年)
（注1）単身世帯は対象外
（注2）郵便局・銀行・その他金融機関への預貯金，生命保険・積立型損害保険の掛金，株式・債券・投資信託・金銭信託等の有価証券といった金融機関への貯蓄と，社内預金，勤め先の共済組合などの金融機関外への貯蓄の合計

多くの高齢者の経済的基盤は公的年金であることです。

さらに，平均的な高齢者世帯では稼働所得も全所得の2割強を占めており，年金と稼働収入で年収の8割以上を賄っているということです。これは現行の年金収入だけでは十分に生活を維持できない事を裏付けているのではないでしょうか。現在の日本の高齢者は，他の先進国の高齢者に比べて就労することを希望する者が多いという調査結果もあるのですが，収入に関係なく就労という形で社会参加していたいという日本の高齢者に特有の思いと，ここで示された

稼働所得が全所得の2割を占めることの意味を切り離して考えるとしても，昭和34（1959）年に制定された年金法が，45年の歳月を経てようやく健康で文化的な生活を送るに足るだけの年金制度に成長してきたという見方もできるのではないでしょうか。

　先の調査結果では，高齢者世帯の貯蓄残高は1千5百万円以上の高額になるほど一般世帯よりも所有の割合が高くなっていますが，一方で，生活保護を受給しなければならない低所得層に占める高齢者世帯の割合も決して低くないことを考えると，高齢者世帯といっても所得額において相当の格差があることを物語っています。また，日本人は個人貯蓄の残高が多い国民であると小泉首相は国内外の投資家に向けて宣伝していますが，日本人が何故血眼になって貯蓄するのかということを考えたことがあるのでしょうか。あくまでひとつの見解に過ぎませんが，財産の有無にかかわらず日本人の多くが自分の先行き＝将来＝に不安を抱いているからではないでしょうか。自分の将来を国や行政に託すことはできないという不安感を抱くことは，実態をみれば必ずしも間違っていると言い切れません。しかし，GNP世界第2位の国としては何とも情けない話ではありませんか。

　2つ目には，健康の側面からも指摘しましたが，所得においても性差がはっきりと数字に表れていることです。現行年金制度がサラリーマンと専業主婦という世帯をモデルにして設定されていますが，その結果がこの実態であるとすれば，夫婦が離婚した時を考えて等と敢えて条件や傾向を持ち出すまでもなく，男性より女性の方が長く生きる確率は高く，従って寡婦期間の長い女性の所得保障としては年金の基本モデルを，根本的に考え直す必要があるのではないかということです。

　3つ目には，現代の消費社会においては好むと好まざるとにかかわらず生活領域のすべてにわたって消費生活にともなう売買（契約）行為を基本としています。消費支出は衣食住生活に関わる全ての諸費用から始まって社会保障，教育，医療などあらゆるサービスも商品化する時代となりました。いやすべてが

そうだとは思わないと反論される向きもあろうかと思いますが、年金や保険をかけていない高齢者は原則的にサービスを受けることはできませんし、所得のない人が自己負担額を賄うことができなければ、介護や医療のサービスが必要でも利用することはできないのです。現に、利用料が生活を圧迫するのでデイサービスの利用回数を減らしているとか医療機関への受診回数を減らすという事例は少なくありません。つまり今の私たちの暮らしとは、何をするにもまずは経済的な裏付けがあって初めて可能となることなのです（図表2－18）。

21世紀ビジョンの方針に基づく福祉基礎構造改革や関連法令の改正の基本理念となっている利用者本位（自己決定の尊重）とは、自分の能力（経済的、社会的）に応じてサービス内容を決定するということでもあるのです。だとすれば、健康で文化的な生活を営む為にまず必要なことは、経済的な裏付けということではないでしょうか。とくに高齢者の場合には所得の向上や定年延長という事もありますが、まずは老後の医療や年金といった社会保障の充実こそが経済生活をより豊かなものにしていく最低条件といえるのではないでしょうか。

以上、高齢者の経済生活は今後ますます厳しい事態が予想されますが、若い内にする苦労と人生の晩年期にする苦労ではその影響も効果も違います。体力・気力も衰退して何かにつけて心細くなってくる老年期にまで青・壮年期で味わうのと同質の苦労はでき得れば味わいたくないものです。

4．住生活

高齢者の生活において住生活は、健康（医療）問題、経済問題等と共に重要なテーマのひとつだろうと思います。その理由のひとつは、高齢期の環境の変化が心身に及ぼす影響として青・壮年期以上に大きいといわれています。もちろん個人差はあるとしても一般的に高齢になるほど環境の変化に適応しにくいことは良く知られていることです。近頃ではわが国でも高齢者の増加にともなって、バリアフリーとかユニバーサルデザインというような住生活の快適性や高齢期の身体機能や体力にも適した住生活を追求する風潮が主流になってきて

います。このことは現代という時代を映し出していますが、以下ではデータをみながら住生活に対する高齢者の意識や実態についてみていきたいと思います。

図表2－19は、総務庁「住宅・土地統計調査」（平成10年）から住宅所有関係を表しています。65歳以上の高齢者世帯の持ち家率は85.3％、公営・公団・公社の借家が5.3％民営借家が9.0％となっています。高齢者世帯は主世帯より持ち家率が高く借家率が低くなっています。これを世帯類型で見ると、高齢者夫婦世帯では持ち家が84.9％と高いのに対して、高齢者単身世帯では持ち家率が65.3％、借家11.3％、民間借家が22.8％となっていて、高齢単身者では比較的持ち家率が低く借家率が高くなっています。これらの結果は、高齢者の住生活の内容そのものばかりでなく、経済生活にも影響する事柄といえます。高齢期に居住する家が持ち家か家賃を支払う借家であるかの違いは、経済的な負担をともなう重要な事柄なのです。

また、現在住んでいる住宅に対する意識として、現在の住宅で困っていることを質問した結果をみると、単身高齢者の場合「何も問題はない」と回答している割合が52.4％で他の世帯に比べて低い割合となっています。さらにこの世帯での問題点としては、「住まいが古くなりいたんでいる」21.1％、「構造や造りが高齢者には使いにくい」13.2％、「台所、便所、浴室などの設備が使いにくい」10.8％となって、他世帯より高い割合となっていることがわかります（図表2－20）。

図表2－21で、高齢者が虚弱になった時にどのような住居形態を望むかの質問に対しては、「現在の住宅にそのまま住み続けたい」36.3％、次いで「現在の住宅を改造して住み易くする」21.4％、「介護専門の公的な施設に入居する」11.6％の順になっています。これを年齢階層別にみると、「現在の住宅にそのまま住み続けたい」では後期高齢者ほど高く、「現在の住宅を改造して住みやすくする」や「介護専門の公的な施設に入居する」は年齢が低いほど高くなっています。この結果から冒頭述べた高齢者の住生活に対する意識が裏付けられたといってもよいでしょう。

第2章 高齢者問題 59

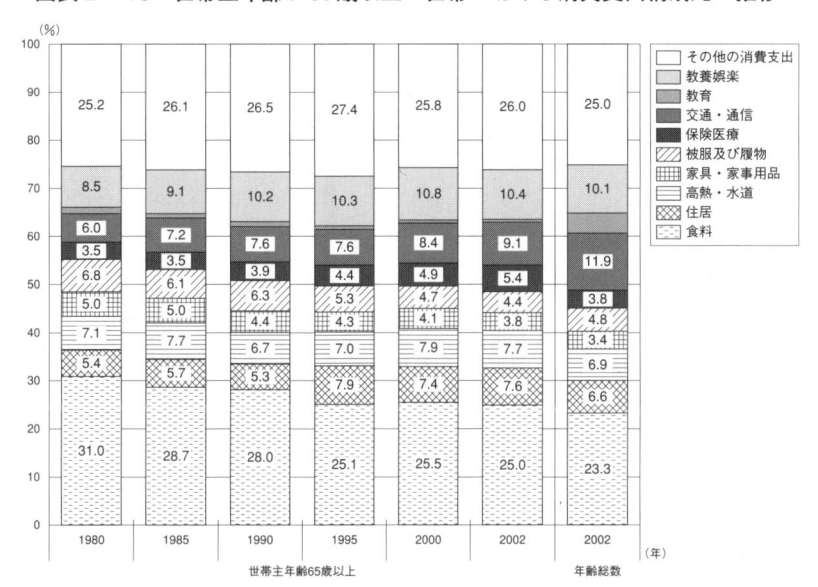

図表2－18 世帯主年齢が65歳以上の世帯における消費支出構成比の推移

年	食料	住居	光熱・水道	家具・家事用品	被服及び履物	保健医療	交通・通信	教育	教養娯楽	その他の消費支出
1980	31.0	5.4	7.1	5.0	6.8	3.5	6.0	—	8.5	25.2
1985	28.7	5.7	7.7	5.0	6.1	3.5	7.2	—	9.1	26.1
1990	28.0	5.3	6.7	4.4	6.3	3.9	7.6	—	10.2	26.5
1995	25.1	7.9	7.0	4.3	5.3	4.4	7.6	—	10.3	27.4
2000	25.5	7.4	7.9	4.1	4.7	4.9	8.4	—	10.8	25.8
2002 (世帯主年齢65歳以上)	25.0	7.6	7.7	3.8	4.4	5.4	9.1	—	10.4	26.0
2002 (年齢総数)	23.3	6.6	6.9	3.4	4.8	3.8	11.9	—	10.1	25.0

資料：総務省「家計調査」より作成
（注）農林漁家世帯及び単身世帯は対象外

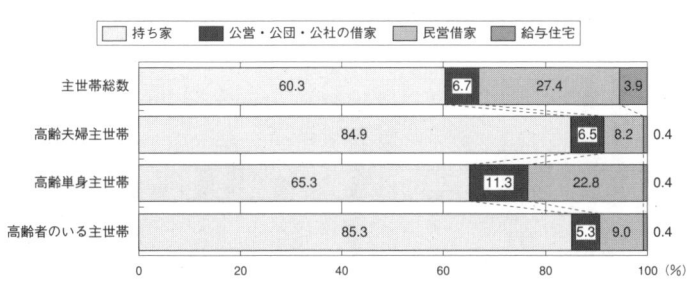

図表2－19 高齢者の住宅の所有関係

	持ち家	公営・公団・公社の借家	民営借家	給与住宅
主世帯総数	60.3	6.7	27.4	3.9
高齢夫婦主世帯	84.9	6.5	8.2	0.4
高齢単身主世帯	65.3	11.3	22.8	0.4
高齢者のいる主世帯	85.3	5.3	9.0	0.4

資料：総務庁「住宅・土地統計調査」（平成10年）
（注）1住宅に1世帯が住んでいる場合は，その世帯を「主世帯」とし，1住宅に2世帯以上住んでいる場合には，そのうちの主な世帯（家の持ち主や借り主の世帯など）を主世帯とした。

図表2-20　住宅で困っていること

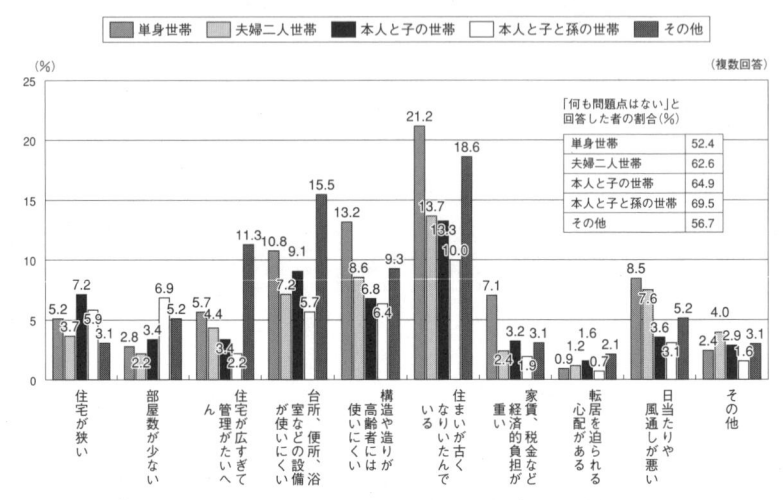

凡例：単身世帯／夫婦二人世帯／本人と子の世帯／本人と子と孫の世帯／その他

（複数回答、単位：%）

項目	単身世帯	夫婦二人世帯	本人と子の世帯	本人と子と孫の世帯	その他
住宅が狭い	5.2	3.7	5.9	7.2	3.1
部屋数が少ない	2.8	2.2	3.4	6.9	5.2
住宅の管理がたいへん	5.7	4.4	3.4	2.2	11.3
住宅が広すぎて管理がたいへん	10.8	7.2	9.1	5.7	15.5
台所、便所、浴室などの設備が使いにくい	13.2	8.6	6.8	6.4	9.3
構造や造りが高齢者には使いにくい	21.2	13.7	13.3	10.0	18.6
住まいが古くなっているんで	7.1	2.4	3.2	1.9	3.1
家賃、税金など経済的負担が重い	1.6	0.9	1.2	0.7	2.1
転居を迫られる心配がある	8.5	7.6	3.6	3.1	5.2
日当たりや風通しが悪い	4.0	2.4	2.9	1.6	3.1
その他					

「何も問題点はない」と回答した者の割合（%）

単身世帯	52.4
夫婦二人世帯	62.6
本人と子の世帯	64.9
本人と子と孫の世帯	69.5
その他	56.7

資料：内閣府「高齢者の住宅と生活環境に関する意識調査」（平成13年）
（注）調査対象は，全国60歳以上の男女

図表2-21　虚弱化したときに望む居住形態

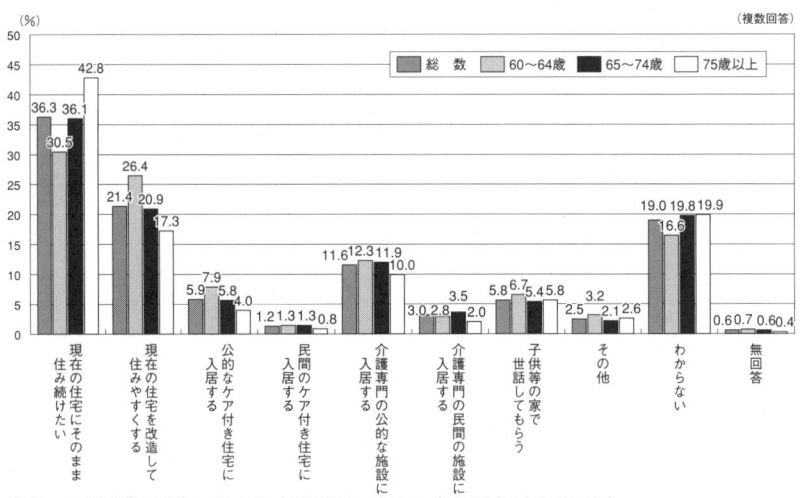

（複数回答、単位：%）

凡例：総数／60～64歳／65～74歳／75歳以上

項目	総数	60～64歳	65～74歳	75歳以上
現在の住宅にそのまま住み続けたい	36.3	30.5	36.1	42.8
現在の住宅を改造して住みやすくする	21.4	26.4	20.9	17.3
公的なケア付き住宅に入居する	5.9	7.9	5.4	4.0
民間のケア付き住宅に入居する	1.2	1.3	1.3	0.8
介護専門の公的な施設に入居する	11.6	12.3	11.9	10.0
介護専門の民間の施設に入居する	3.0	2.8	3.5	2.0
子供等の家で世話してもらう	5.8	6.7	5.4	5.8
その他	2.5	3.2	2.1	2.6
わからない	19.0	16.6	19.8	19.9
無回答	0.6	0.7	0.6	0.4

資料：内閣府「高齢者の住宅と生活環境に関する意識調査」（平成13年）
（注）調査対象は，全国60歳以上の男女

次に高齢者の転倒事故について表したのが図表2－22です。自宅内でこの1年間に転倒したことのある人は12.4％となっています。またこれを男女別にみると，男性8.2％女性16.0％で女性が男性の約2倍となっています。さらに転倒した人のけがの状況をみると，「けがはなかった」と回答したのは，男性で50.6％，女性23.8％となっていて男性は転倒した人の2人に1人が，女性では4人に3人がけがをしている事がわかります。これは住宅構造や設備にも関係しますが，同時に介護と転倒防止対策にも影響する実態を浮き彫りにした調査結果ということできます。

以上住生活に関する調査結果から，現在高齢者福祉サービスの対象となる世代の意識や実態をみてきたのですが，一口に65歳以上の高齢者と一括りにすると見えない意識の違いがあることがわかります。たとえば住居に対する意識として依然日本人の持ち家志向はあまり変化していないように思いますが，これに対して，自分が加齢にともなって虚弱になったときにどのような住居に住みたいかという質問に対して，介護専門の公的な施設への入居を希望する者は年齢が低いほど高い割合を占めているという事実など，今後の高齢者の高齢期の住まいに対する意識が変化することは十分予想されます。したがって，高齢者の住宅対策もバリエーションを豊富に用意しなければならない新たな時代（団塊の世代が高齢者に加わる）が遠からずやってくるはずです。

また，高齢期の住生活を考える場合，持ち家，借家の別を問わず，さらにいえば公的な施設であっても住居（施設）そのものの吟味にとどまらず，生活圏として地域社会との関係や交通のアクセス，社会環境全般についての検討が不可欠になると思います。それは最新式の設備の整った施設でも，バリアフリー

図表2－22　高齢者の転倒事故

(%)

	自宅				屋外	
	この1年間に転んだことはない	この1年間に転んだことがある	けがをした	けがはなかった	この1年間に転んだことはない	この1年間に転んだことがある
総数	87.6	12.4	(64.8)	(31.9)	88.5	11.4
男	91.8	8.2	(44.6)	(50.6)	91.3	8.6
女	84.0	16.0	(73.6)	(23.8)	86.1	13.7

資料：内閣府「高齢者の住宅と生活環境に関する意識調査」（平成13年）
(注)（　）内は「この1年間に転んだことがある」者を100％としたときの割合

住宅でも，人や地域社会との接触がほとんど得られないというような住環境は決して好ましいものとはいえないからです。さらにいえば，介護専門の施設には施設設備のハード面と，サービス内容や従事者等のサービスの質等のソフト面も問われることになると思います。QOLを重視した現代人の生活で，衣生活・食生活の進歩改善がはかられた今，住生活への関心は今後一層高まるのではないでしょうか。

　高齢者のよりよい住生活保障のために，行政が本腰を入れてこれに取り組み，他の先進国と比較しても恥ずかしくない豊富な政策を期待していきたいものです。

引用・参考文献
　内閣府編『平成15年版高齢社会白書』ぎょうせい
　『国民の福祉の動向2003年』第50巻，第12号，厚生統計協会
　『国民衛生の動向2003年』第50号，第9号，厚生統計協会
　田代菊雄・古川繁子編『新少子・高齢社会の社会福祉』学文社，2000年
　法務省法務総合研究所編『平成15年版犯罪白書』国立印刷局
　石田一紀編『改訂エッセンシャル老人福祉論』みらい，2003年

第3章　高齢者理解

　老年期は，一般的に65歳以上と考えられています。65歳が老年期の始まりであるという根拠はありませんが，人口動態統計や社会保障，WHOの定義等では，65歳以上を老年期としてとらえており，65歳から74歳までを前期高齢者，75歳以上を後期高齢者としています。老年期になると，個人差はあるものの加齢によってさまざまな変化が生じてきます。この変化は，高齢者の行動にも影響がみられるため生活課題にも深く関係してきます。したがって，高齢者福祉の課題を総合的，科学的に把握するためには，発達過程における高齢期の特徴を身体的・精神的・社会的な観点から理解することが重要です。

　まず，一般的な高齢期の特徴としては，衰退現象と成熟現象という2局面から整理することができます。衰退現象という点では，身体的機能の低下があげられます。個人差はありますが，体力や臓器機能の低下は従来から客観的に示されている生理学的データから確認できます。他方，成熟現象という点では，人間を身体的・生理的・物理的側面からのみみるのではなく，加齢を正常な成長・発達過程にあるという概念でとらえることができます。つまり，人間の成長や発達は，個人の人生をとおして向上していくものであり，加齢による身体的・精神的・社会的変化は，発達段階の一部として考えることができるのです。

　一方，高齢者には，長年の生活体験や人生経験により，身体的・心理的側面の違いが出現します。この違いは，個性ととらえられます。違った人生経験を経た高齢者は，若年者よりも一般的に個性が強くみられます。このように，高齢者の共通性や個別性をふまえたうえで生活課題を明らかにすることにより，ニーズに即した社会政策や組織づくりが可能となるのです。

　次に示す条文は，1991年に国連総会で決議された「高齢者のための国連原則（United Nations Principles for Older Persons）」です。この原則は，高齢者の自立，

図表3-1　高齢者のための国連原則

【自立：Independence】
高齢者は，
・収入や家族・共同体の支援及び自助努力を通じて十分な食料，水，住居，衣服，医療へのアクセスを得るべきである。
・仕事，あるいは他の収入手段を得る機会を有するべきである。
・退職時期の決定への参加が可能であるべきである。
・適切な教育や職業訓練に参加する機会が与えられるべきである。
・安全な環境に住むことができるべきである。
・可能な限り長く自宅に住むことができるべきである。

【参加：Participation】
高齢者は，
・社会の一員として，自己に直接影響を及ぼすような政策の決定に積極的に参加し，若年世代と自己の経験と知識を分かち合うべきである。
・自己の趣味と能力に合致したボランティアとして共同体へ奉仕する機会を求めることができるべきである。
・高齢者の集会や運動を組織することができるべきである。

【ケア：Care】
高齢者は，
・家族及び共同体の介護と保護を享受できるべきである。
・発病を防止し，あるいは延期し，肉体・精神の最適な状態でいられるための医療を受ける機会が与えられるべきである。
・自主性，保護及び介護を発展させるための社会的及び法律的サービスへのアクセスが得られるべきである。
・思いやりがあり，かつ，安全な環境で，保護，リハビリテーション，社会的及び精神的刺激を得られる施設を利用することができるべきである。
・いかなる場所に住み，あるいはいかなる状態であろうとも，自己の尊厳，信念，要求，プライバシー及び，自己の介護と生活の質を決定する権利に対する尊重を含む基本的人権や自由を享受することができるべきである。

【自己実現：Self-fulfillment】
高齢者は，
・自己の実現の可能性を発展させる機会を追及できるべきである。
・社会の教育的・文化的・精神的・娯楽的資源を利用することができるべきである。

【尊厳：Dignity】
高齢者は，
・尊厳及び保障をもって，肉体的・精神的虐待から解放された生活を送ることができるべきである。
・年齢，性別，人種，民族的背景，障害等に関わらず公平に扱われ，自己の経済的貢献にかかわらず尊重されるべきである。

出典）内閣府編『平成15年版高齢社会白書』ぎょうせい，2003年，p.59

参加，ケア，自己実現および尊厳を実現することを目指した内容となっており，高齢社会を考える上での価値基準として参考になります。

この5つの原則からもいえることは，衰退現象だけではなく成熟現象という観点から高齢者をとらえ，残存能力を最大限活用した生活者としての権利が守られる社会づくりを考えていくことが重要であり，このことは高齢者援助の基本姿勢であると考えられます。

1．身体的特徴

老年期の身体的特徴をまとめると，1）予備力の減退，2）抵抗力の低下，3）適応能力の減退があげられます。そのため高齢者は慣れた生活様式が必要であり，生活環境のいちじるしい変化や過労は望ましくない要因と理解され，さらにこれらの積み重ねはきわめて有害であることが知られています。

1）予備力の減退

加齢による変化は，一般に老化という言葉で現される不可逆的に起こる身体の器官の萎縮や機能低下です。外見から人の老化の程度が確認できることとしては，体重・身長の減少，姿勢の変化，頭髪・歯牙の脱落，皮膚のしわなどが

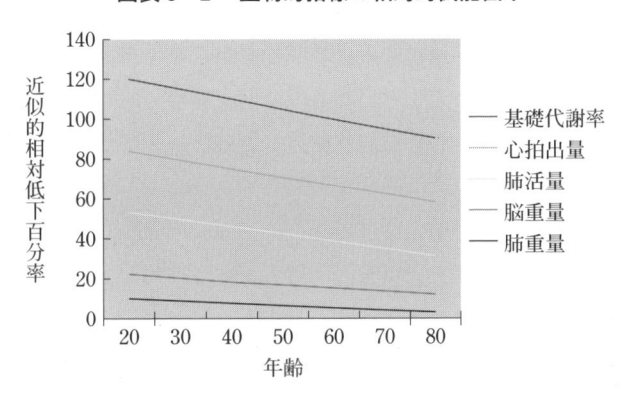

図表3-2　生物的指標の相対的機能低下

出典）D.B.ブロムレー著，勝沼晴雄監訳『高齢化の科学』産業能率短期大学出版部，1976年

あげられます。これらの変化の基礎を成す形態の老化としては、主として細胞が減少することによる臓器の萎縮、機能の低下があげられます。図表3-2に示すように基礎代謝率、心拍出量、肺活量、脳重量、肺重量などは若年者の値を基準にすると加齢とともに直線的に低下します。

　また、若年者は、日常生活においては身体器官の能力の約3分の1を使っており残りは予備力としてとどめていることが知られています。つまり、激しい運動など身体への負荷を強くかける必要がある場合にこの予備力が使われます。ところが、高齢者は、先に述べたように機能低下がおこっているため、最大能力は低下し、それにともなって予備力も低下しています。普段しないような激しい運動や過労は、高齢者にとってはきわめて危険であることが理解できるでしょう。

2）抵抗力の低下

　生体は外的、内部環境の変化に応じて、絶えずその形態的、機能的状態が一定になるように調節され、細胞活動の安定化が達成されています。これをホメオスタシス（恒常性）といいますが、ホメオは'同一の'、スタシスは'状態'を意味するギリシャ語です。つまり、ホメオスタシスとは、身体内の一部の過剰な変化が個体全体の生命を脅かすのを防ぐための調節機構をいいます。老化においては、循環器や呼吸器における生理的変化は、強いストレスが加わるとホメオスタシスを維持し、修正することがむずかしくなります。そのため防衛力や回復力の低下がみられるようになるのです。骨格・筋肉組織や視聴覚器官の変化においては、活動や行動範囲を狭め、危険状態となり、事故や骨折などが生じやすくなります。

3）適応能力の減退

　長い習慣が身についている高齢者は、環境の変化に応じて自分を変えていく適応力も弱くなってきます。その結果、環境の変化に応じて感情の緊張がおこり、予備力の低下や抵抗力の低下がおこっている高齢者にとっては、身体的精神的な疾患の原因が増加すると考えられます。さらに、ストレスは、強く長期

間持続することによって機能不全，虚弱，無関心などの心身反応をひきおこし生存にとっても重大な結果をもたらしかねません。感情の安定性や感受性などには個人差がありますが，新しい生活環境については自分の過去の体験から評価し対応するため，柔軟性は欠如しがちです。

これらの結果，老年期には有病率も高くなり，なかでも一般に慢性疾患といわれるものが多く，治療回復期間が長期化することが特徴です。個人差はあるにしても，老化による衰退は避けることができません。このように老化によって身体機能にどのような変化が現れるかが明らかになっているので，生活にどのような問題が生ずるかを予測することができるでしょう。

2．精神・心理的特徴

1）高齢期の人格的特徴

高齢になると精神的安定が保ちにくくなります。その理由は，加齢にともなって心身の機能が低下することにより，社会との関わり方にも少しずつ変化が生じてくるからです。それが，高齢者の心理面，行動面に影響を及ぼし，精神的緊張が高くなると考えられています。

具体的な例をあげると，高齢者が他者に否定的反応をもたらすことがあります。これは，老化している自分が受容できず否定，否認といった反応をひきおこす場合があるからです。高齢者の自尊心の変化という点では，身体的な機能の低下や身辺にいる人を失った時におこりやすいことが知られています。視力の低下や聴力の低下は，他者との関係の中でおこるコミュニケーションの障害や周囲への関心の低下をもたらすことがあります。この結果，孤立感や疎外感を感じることとなる場合があります。短期記憶の低下も高齢者にとっては，不安感や自信の喪失をもたらす因子となるのです。

高齢者の知的能力の中で，計算能力，知的作業の能力は徐々に低下しますが，社会で一般に必要とされる言語能力，洞察力，総合的な判断力は維持される，もしくは上昇する傾向にあります。ほとんどの高齢者は，これまでに獲得して

きた知恵・知識や体験を活用しながら，自分の人生を肯定的に受け入れ，加齢現象に適応していくのですが，老化現象には個人差があり，生活歴も異なることから，老いの受け止め方も主観的であるためにかなりの個人差がみられます。高齢者の心理的危機は，肯定的に評価してくれる人との相互作用によって自尊心を保持することで克服が可能となるでしょう。

　一方，老年期の一般的な心理的特徴としては，頑固，物忘れが激しい，同じ話を繰り返す，保守性，依存性，不安，不満，自己中心性，嫉妬，短気，親切，世話好き等があげられますが，これらの特徴が著明で社会生活に支障をきたす場合や高齢者自身が苦悩を持ち身体や行動上の変化がおこった場合は，器質および機能性精神疾患といわれ，正常な加齢変化とは別に，精神病理としてとらえる必要があります。器質性精神疾患は，脳あるいは脳血管の器質的性病変が主な原因とみなされます。たとえば，前頭葉障害による変化では，抑制の低下，感情の高揚，社会性や倫理観の低下など人格統合能力が低下すると考えられています。側頭葉障害にみられる変化には，感情障害や攻撃性の亢進をともなうことが多く，痴呆症は器質性精神疾患のひとつです。機能性精神疾患には精神分裂病や躁鬱病，神経症などがあり，症状としては悲観的，不安，不機嫌などがあげられます。こうした器質性・機能性精神疾患による精神的変化は，正常な加齢変化とは分けて考えなければならないでしょう。

　先述の内容から得られる高齢者の人格像は，否定的な印象をもつ傾向が強いと考えられますが，もともとの人格や生活史との関連でかなり個人差があることに留意する必要があります。

2）高齢期における生涯発達課題

　老年期は，身体的には衰退の時期ですが，心理的には自我発達の完成期であり，自分の生涯を肯定的に統合する時期と考えられます。これに基づく理論として，エリクソンの生涯発達理論があります。エリクソンは，人間は人生のそれぞれの段階でいろいろな内面的欲求をもちながら，その時期に社会から要請される課題との葛藤を処理して次へと進む過程があることを提唱し，それを乳

児期から老年期まで8つの発達段階として設定しています。この発達段階によると，第8段階の成人後期，つまり老年期は自我統合対絶望の時期だといわれています。さらに，自分自身への嫌悪や絶望的な感情の出現，つまり絶望と嫌悪，そして統合との葛藤から得られる心理・社会的な強さとして高齢者の「英知」をあげています。

これに対して，ペックは，エリクソンの成人中期と後期の記述はあまりにも概略的すぎると考え，より精密に定義しようとしました。ペックは，成人中期には，4つの挑戦に直面し，老年期には3つの挑戦に直面しなければならないと考えています。老年期の3つの挑戦の第1が自我分化対仕事上の役割への没入，第2が身体の超越対身体への没入，第3が自我の超越対自我への没入です。つまり自我分化対仕事上の役割への没入とは，仕事や役割の喪失に対して，多様な価値ある活動を確立するといったこれまでとは違った自我の分化が必要だということです。身体の超越対身体への没入とは，疾患を含めた身体機能の低下があるが，この老化していく身体を超えさせる創造的活動や人間関係といった価値体系の達成によって人生を楽しむことができるのだということです。自我の超越対自我への没入とは，死は必然的に訪れるものであり動物的生存から人間的生存を区別している分化の，その永久化を目指して自我超越的に無欲に生き，今までの子育てや職業を通じて貢献してきたことを悟ることで精神的な安寧を得ることができるということです。

また，ハヴィガーストは人生を6つの段階に分け，それぞれに対応する身体運動技能・知識や判断などの認知的習得・パーソナリティ発達・各時期にふさわしい役割などを含んだ具体的な発達課題をあげています。それによると，老年期の発達課題は，① 肉体的な強さと健康の衰退に適応すること，② 引退と減少した収入に適応すること，③ 配偶者の死に適応すること，④ 自分と同年輩の高齢者たちと明るい親密な関係を確立すること，⑤ 肉体的生活を満足に送れるよう準備態勢を確立することとしています。

大原健士郎ら（1980）は，「つねに現実からの逃避を最小限にし，直面した問

題を克服した人で，しかも老年期になっても学習や達成への望みをもちつづける人は，たとえ，それが苦しく，つらいことであっても，究極的なライフタスクに取り組んでいけるのである」[1]とのべていますが，いずれの発達理論も，自分の老化によってもたらされる病気や能力の低下による障害を受容するとともに，価値ある事柄に関心を向けることで心理的な安定が可能になることを示唆しているものと考えます。発達過程という成熟現象から高齢者を理解することによって，社会のあり方と関連づけて生活課題を明らかにすることができると考えます。

3．社会的特徴

1）老年期の社会的変化

老年期になると社会的役割の変化によって生活パターンも変化します。

第1に，社会的機能の老いの契機となるのは社会的役割の重要な部分を占める職業からの引退です。それは，職業，地位，経済的基盤だけでなく，職業をとおして培われてきた信用や社会的責任，人間関係等の喪失体験でもあるのです。さらには，勤務という時間的拘束からの解放によって生活パターンの変化にまでおよびます。

第2は，家庭における役割の変化です。子どもの成長にともなって父親，母親としての役割が減少していきます。子どもは就職，結婚をとおして独立期をむかえ，父親，母親は新たに祖父母という役割が求められるようになります。

定年や引退などを迎えることによって社会から疎遠になり，他者との交流が変化する傾向があります。これについては，高齢者の社会との関係を把握するための「ソーシャル・ネットワーク」という概念で説明されることが多くあります。親密さを基準として役割に依拠する程度によって区別される三層の対人関係が設定された同心円状の図になっており，老いるにしたがって一番外側の親密度の低い「役割の影響を受けやすい成員」の対人関係は減少し，内側の親密度の高い対人関係へと狭まっていくと考えられています。

他方,「ソーシャル・サポート」とは社会との関係を機能的側面に着目したもので,情緒的なサポートと介護などの具体的なサービスをともなう手段的サポートがあります。身体的低下がおこる老年期においては,ソーシャル・サポートとの関係が出現してくることもあるでしょう。

2）高齢期の社会学的理論

身体的変化と心理的変化に加え,老年期になって訪れるさまざまな社会環境の変化に適応しながら,さらに張り合いのある豊かな老年期を送るというような望ましい老後の生き方を「幸福な老い」とよび,これに関しては主に3つの理論があります。

そのひとつが活動性理論です。これは,フリードマンとハヴィガーストが提唱した理論で,「職業は,成人期の個人生活の中で多くのウエイトを占めており,個人に役割を与え,対人的交流や能力を発揮する機会を与えてくれる。すなわち「職業は,人に生きる意味を与えてくれる重要な場であり,職業において得たものを引退後も継承すること,つまり活動の継続こそが老年期の幸福感を維持させるものである。」と考えられています。

2つめが,カミングとヘンリィが提唱した離脱理論です。この理論は,「引退のもたらす個人の活動量の低下と人間関係の減少は,加齢にともなう自然で避けられない過程であり,それは生産上の世代交代あるいは社会の機能を保つという意味で必然的なことである。」と考えられています。さらに,この理論は,「個人の人生を職業生活や他者との人間関係にのみ結びつけずに,自分自身の内なる世界,個人的な価値や目標の達成に費やすための時間として個人が望むものである」と主張しています。

つまり活動性理論は,定年退職後も以前と同じレベルで友人をもち,社会活動をすることが老年期の生活に適応する方法であるという考え方で,離脱理論はこれまでに従事してきた活動や役割から離れ,退くことは仕方がないという考え方なのです。

3つめが,継続性理論です。活動理論と離脱理論が,活動をし続けるか,あ

るいは社会から離脱していくかという一方通行的な観点に立って老年期の適応を説明しようとしたのとは対照的に，継続性理論は，老年期に適応し幸福な老いを実現するにはいろいろな方向があり，それは個人のパーソナリティに依存すると考えられています。ハヴィガーストやエリクソンの理論がこの代表でありますが，つまり，一定の役割や環境が確保されているかどうかではなく主観的な幸福感を測定しているものと考えられます。

　高齢社会をむかえるわが国では，高齢者の孤独や孤立を防ぐことの重要性の指摘から高齢者の社会参加に関心が集まっており，高齢者が社会との関係を積極的に保つことが理想的であるという考えの活動理論によって，高齢者の活動の場を確保するための政策や組織づくりがなされてきています。サントロックも他者との関係は，われわれ成人にとってはきわめて重要であることを指摘し，「成人としての人生を充実させるためには，情緒的な愛着を育むだけではなく社会的に結びついたネットワークを築くことが重要である。我々は情緒的な愛着から慰めと安心を，社会的な結びつきから集団的同一性と統合感を得る。」[2)]とのべているように，社会との関係の保持は高齢期の課題であると考えられます。しかし，老年期に出現する社会的役割の変化や生活パターンの変化に対して，個人的・社会的生活をどのように過ごし適応するかについては，主観的な幸福感の基準は個人差があるということにも留意し，社会との関係の保持の概念を広くとらえることが大切です。これらの諸理論は，個人の生活背景に応じて解釈し，高齢者の自己概念や適応のパターンを理解する指標ととらえることで高齢者の社会的側面を深く理解することが可能になるでしょう。

4．高齢者の総体的把握

　一般に，老化の問題を扱うとき，あたかも同種の人びとで，同じ経験をし，同じ問題に遭遇している人びとであるかのように述べられることが多くあります。出産の経験の有無，就業の経験，結婚の有無などにもみられるように，自分なりの生活スタイルをもって生きているということを念頭においておかねば

なりません。

　高齢者は，その年齢に至るまでに多くの個人的，社会的な変化を乗り越えて，自分自身の価値観や生活様式を変化させてきた経験をもちます。高齢者の行動様式や思考過程は所属してきた社会や集団の価値観に影響されていることが多く，高齢者の個別性は，遺伝子的要因，経験の幅や程度，社会環境，知的レベル，個人の健康管理などにより大きな影響を受けているのです。したがって，高齢者の理解には，生活史，文化，生きてきた時代や教育などの背景を知ることが重要です。

　また，高齢者自身が老年期に適応するための課題は，長年培ってきた個人の人生観や生活観に合致した生き甲斐を発見できるか，老年期にとくに遭遇しがちな孤立・孤独の問題に上手く対処できるか，老化にともなって生じる身体的健康度の低下にあわせた生活を維持していけるかにかかっています。高齢者が，これらの課題に対処するためには，個人の努力と社会における支援体制の整備が重要であると考えられます。

注）
1）大原健士郎・岡堂哲雄『壮年期・老年期の異常心理』新曜社，1980年，p.61
2）J.W.サントロック著，今泉信人・南博文編訳『成人発達とエイジング』北大路書房，1992年，p.304

参考文献
・D.B.ブロムレー著，勝沼晴雄監訳『高齢化の科学』産業能率短期大学出版部，1976年
・R.J.ハヴィガースト著，荘司雅子監訳『人間の発達課題と教育』玉川大学出版部，1998年
・エリク・H・エリクソン，ジョーン・M・エリクソン，ヘレン・Q・キヴニック著，朝長正徳・朝長梨枝子訳『老年期』みすず書房，1990年
・南博文・やまだようこ編『老いることの意味』金子書房，1998年

第4章　高齢者に関する法

1．老人福祉法

1）老人福祉法制定とその後の改正
① 老人福祉法制定の社会的背景

戦後の急速な工業化による人口の都市への集中と核家族化は，わが国の地域共同体を変容させていきました。昭和30年代から地方では多くの若者が仕事を求めて都会へと流出し，地方では急激に高齢化が進みました。こうした社会現象により，日本の伝統的な高齢者扶養の形態，つまり「家族単位での高齢者扶養」という形態に不都合が生まれてきました。その結果，高齢者の生活が不安定になり，しだいに高齢者問題が社会問題のひとつとして認識されるようになりました。

しかし，当時，高齢者のための施策としては，所得保障としての老齢年金給付および生活保護法による扶助としての養老施設への入所保護がある程度でした。そこで，1963年に老人福祉法が，福祉6法体制の一翼を担うかたちで制定されたのです。この福祉6法というのは，生活保護法，児童福祉法，身体障害者福祉法，知的障害者福祉法，老人福祉法，母子及び寡婦福祉法のことをいいます。こうして，わが国でも高齢者福祉のための法体系整備が開始されました。

② その後の改正

1960年代以降，革新政党を後ろ盾とする首長が各地に誕生しました。そしてそのような自治体を先駆けとして，高齢患者の医療保険の自己負担分を自治体が負担するようになり，老人医療費を無料化していく動きがみられるようになりました。このような地方の動きは国レベルにまで波及し，1972年に老人福祉法の一部を改正して，老人医療費支給制度が開始されました。この制度によっ

て70歳以上の高齢者および65歳以上の寝たきりの高齢者を対象に，医療保険の自己負担分を公費で支給していくという形で，老人医療の無料化が実現したのです。

しかし，その後，老人医療費の増大にともなって，高齢者の乱受診や過剰診療などの問題点が指摘されるようになってきました。その結果，10年後の1982年，老人保健法の制定にともない老人医療費支給制度は廃止され，高齢者の医療費自己負担が再開されました。この時の法改正で，高齢者の医療保健対策は老人福祉法から独立し，老人保健法へと委ねられていったのです。

施設介護分野では，厳しい財政事情のもと，老人ホームへの入所措置等の国庫補助率の負担割合は1985年に10分の7へ削減され，さらに翌年，10分の5へと削減されていきました。その一方で，政府は今後の施策として，在宅介護を推進していくという方針を明らかにしました。具体的には1986年に老人福祉法を一部改正し，ショートステイ事業とデイサービス事業を法定化しました。さらに，1989年には在宅福祉サービスの費用（当時は，家庭奉仕員派遣事業とよびました）における国の国庫補助率の割合を，3分の1から2分の1へと引き上げを実施しました。

1990年，いわゆる福祉8法の改正が行われました。この改正は，社会福祉の実施体制について，住民にもっとも身近な市町村で在宅福祉サービスと施設サービスを一元的・計画的に提供していくことを目的としたものです。福祉8法とは，老人福祉法，身体障害者福祉法，精神薄弱者福祉法，児童福祉法，母子及び寡婦福祉法，社会福祉事業法，老人保健法，社会福祉・医療事業団法の8つの法律を指します。この8法改正時に，前年の高齢者保健福祉推進10か年戦略（ゴールドプラン）の策定をも踏まえ，老人福祉法は在宅福祉サービスの推進，市町村および都道府県老人保健福祉計画の策定など大改正が行われました。2000年には介護保険法施行にともない，多様なサービス主体（民間業者など）が要援護高齢者へのサービス提供を行えるよう，さらなる改正がなされたのです。

2) 目的と基本理念

老人福祉の基本的理念について老人福祉法では次のように規定しています。「老人は多年にわたり社会の進展に寄与してきた者として，かつ，豊富な知識と経験を有する者として敬愛されるとともに，生きがいを持てる健全で安らかな生活を保障されるものとする」(第2条)

また，「老人は，老齢に伴って生ずる心身の変化を自覚して，常に心身の健康を保持し，又は，その知識と経験を活用して，社会的活動に参加するように努めるものとする」(第3条1項) とし，「老人はその希望と能力に応じ，適当な仕事に従事する機会その他の社会的活動に参加する機会を与えられるものとする」(第3条2項) とあります。

このように老人福祉法は，高齢者が社会の進展に寄与してきた功労者であり，その高齢者が今後も人間らしく生きていくことは当たり前のことであると，その理念を掲げています。また，高齢者の社会参加の機会を提供するよう，要請もしています。高齢者に対しても，自らの健康を維持し，その知識と経験を生かして社会的活動への参加を促しています。

3) 制度の基本的仕組み

老人福祉法は，目的や基本理念など老人福祉全般についての基本原則を定めた部分と，具体的な老人福祉施策の事業について規定した部分とから成っています。後者の老人福祉施策の事業は，以下に示したように，在宅福祉対策，施設福祉対策，社会活動促進対策の3つの領域から構成されています。

なお，介護保険制度の創設にともなう老人福祉法の改正により，在宅福祉対策のうち訪問介護（ホームヘルプサービス），日帰り介護（デイサービス），短期入所生活介護（ショートステイ），認知症対応型共同生活介護（認知症高齢者グループホーム）等と特別養護老人ホームへの入所は，介護保険によるサービス提供に移行しました。これにより，老人福祉法のもとで市町村が「措置」をとれるのは，やむを得ない事由により，事業者との「契約」による介護サービスの利用や市町村に対する要介護認定の申請を期待しがたい者など，介護保

険法による介護給付を受けることができない場合に限られることになりました。つまり，現在の老人福祉法は，介護保険法の隙間から漏れた人を救うためのセーフティーネットの側面をもつ法律ということができます。

① 老人居宅生活支援事業（第5条の2，第10条の4）

(a) 老人居宅介護事業

寝たきり，認知症，身体虚弱など日常生活を営むのに支障のある65歳以上の高齢者の家庭に対してホームヘルパーを派遣し，入浴，排泄，食事等の介護その他の日常生活を営むのに必要なサービスを提供する事業。

(b) 老人デイサービス事業

65歳以上の要援護高齢者を老人デイサービスセンター若しくは特別養護老人ホームその他の施設に通わせ，これらの人びとに入浴，食事の提供，機能訓練，介護方法の指導等のサービスを提供する事業。

(c) 老人短期入所事業

65歳以上の要援護高齢者であって，養護者の疾病その他の理由により，居宅において介護を受けることが一時的に困難となった者を老人短期入所施設や特別養護老人ホーム等の施設に短期入所させ，養護する事業。

(d) 認知症対応型老人共同生活援助事業

65歳以上で認知症の状態にあるため日常生活を営むのに支障のある者に，共同生活を営むべき住居において，食事の提供その他日常生活の援助を行う事業。

(e) 日常生活用具の給付・貸与

要援護高齢者やひとり暮らしの高齢者を対象に日常生活を営むのに支障がある65歳以上の者に，日常生活上の便宜を図るための用具を必要に応じて，給付又は貸与する事業。利用世帯の所得に応じた利用負担額を支払う必要があります。

（給付）電磁調理器，自動消火器，緊急通報装置など

（貸与）認知症高齢者徘徊探知機，車いす，移動用リフト，特殊寝台など

② 老人ホームへの入所等（第11条）
(a) 養護老人ホームへの入所

高齢者の抱える問題は身体の介護だけには限りません。心身に問題はなくてもまったく生活力のない人，家族と同居することでいちじるしく人権を侵害されている人もいます。このような高齢者を対象に設置されているのが，養護老人ホームです。この施設は法の規定では，65歳以上の者で，身体上，精神上，環境上あるいは経済上のいずれかの理由によって，居宅において養護を受けることが困難な者を入所させることになっており，必ずしも要介護高齢者とは限りません。

(b) 特別養護老人ホームへの入所

やむを得ない理由により介護保険法に規定する介護老人福祉施設に入所することが困難な65歳以上の者で，身体上又は精神上いちじるしい障害があるために常時の介護を必要とし，かつ，居宅において介護を受けることが困難な高齢者が入所します。

③ 老人福祉増進のための事業（第13条）
(a) 老人健康保持事業

「地方公共団体は，老人の心身の健康の保持に資するための教養講座，レクリエーションその他広く老人が自主的かつ積極的に参加することができる事業を実施するように努めなければならない」との規程を受けて，要介護者のみではなく自立者も対象者として含めるため，多様な健康を保持するための事業が展開されています。一部の例を以下に示しておきます。

〔生活支援事業〕
配食，外出支援，住宅改修指導，訪問理美容，寝具類等の洗濯，雪下ろし等。
〔介護予防〕
転倒予防教室，痴呆予防，IADL訓練事業，生活管理指導員派遣事業等。

(b) 老人クラブ

老人クラブについては，「地方公共団体は老人の福祉を増進することを目的

とする事業の振興を図るとともに，老人クラブその他当該事業を行う者に対して，適当な援助をするように努めなければならない」という規定があります。

2．老人保健法

1）老人保健法制定とその後の改正

（1）　制定の沿革

　高齢者の保健医療事業は，医療保健各法律による医療保障と，老人福祉法に基づく老人医療費支給制度の2本建てで行われてきました。ところが，国全体の高齢化の進行と，老人医療費支給制度の導入による老人受診率の上昇により，老人医療費は増加の一途をたどってしまいました。とりわけ高齢者の加入割合の高い国民健康保険の支出は，いちじるしく増加していきました。こうした事情を背景に，老人保健法は1982年に公布され，翌年の2月に施行されました（図表4－1）。

図表4－1　老人医療費の負担の状況

（単位　億円，％）

	平成9年度('97)		10('98)		11('99)		12('00)	
	金額	割合	金額	割合	金額	割合	金額	割合
総額	102 786	100.0	108 932	100.0	118 040	100.0	111 997	100.0
公費	31 706	30.8	33 535	30.8	36 517	30.9	31 374	28.0
国	21 137	20.6	22 357	20.5	24 345	20.6	20 916	18.7
都道府県	5 284	5.1	5 589	5.1	6 086	5.2	5 229	4.7
市町村	5 284	5.1	5 589	5.1	6 086	5.2	5 229	4.7
保険者	64 687	62.9	67 556	62.0	72 925	61.8	72 095	64.4
被用者保険	41 327	40.2	43 146	39.6	46 080	39.0	44 326	39.6
政管一般	19 761	19.2	20 585	18.9	21 945	18.6	21 365	19.1
組合	16 297	15.9	17 085	15.7	18 228	15.4	17 347	15.5
69条の7	26	0.03	24	0.02	24	0.02	21	0.02
船保	157	0.2	154	0.1	154	0.1	140	0.1
共済	5 087	4.9	5 297	4.9	5 730	4.9	5 453	4.9
国保	23 359	22.7	24 411	22.4	26 845	22.7	27 770	24.8
市町村	21 053	20.5	22 064	20.3	24 372	20.7	25 368	22.7
組合	2 307	2.2	2 347	2.2	2 473	2.1	2 401	2.1
患者負担	6 394	6.2	7 840	7.2	8 597	7.3	8 528	7.6

（資料）厚生労働省「老人医療事業年報」
出典）『国民の福祉の動向』（2003年版）厚生統計協会

この法律の制定によって，所得制限なく全ての高齢者を対象に老人医療の費用の全てを医療保険制度で負担することとなりました。また，不必要な長期入院を是正し，家庭・地域医療を促進する観点から，過剰な投薬や注射等よりも介護や日常生活指導に重点を置いた新しい老人診療報酬を設定しました。そして市町村において40歳以上の者を対象に，疾病予防から機能訓練までの一貫した健康づくりを目指す総合的な保健医療事業を展開することになったのです。

　（2）　その後の改正

　老人保健制度は，成立からその後も多くの改正を重ね，今日に至っています。1986年の改正により，① 各保険者間の老人医療費にかかわる負担を公平化するための加入者按分率の段階的引き上げ（各医療保険制度において，高齢者は国民健康保険への加入が圧倒的に多いという現実がありました。そこで老人保健法では，実際に加入している高齢者の割合を問わずに，全制度に一律に同じ割合で高齢者が加入していると仮定して拠出金額を算定することとしました。この割合を加入者按分率といいます），② 病院と在宅治療の中間的施設として老人保健施設の制度化，③ 外来・入院費の一部負担の引き上げ，などが行われました。

　1991年には，① 老人訪問看護制度の創設，② 介護にかかわる部分は公共性が高いということから公費負担の割合を3割から5割に引き上げなどが改正されました。また1994年の改正では，① 付添看護・介護を原則的に1995年末までに廃止する，② 入院時の食費について定額の標準負担額を導入することなどが行われました。

　2000年4月からは介護保険制度が施行され，老人保健制度から，老人保健施設療養費の支給，老人訪問看護療養費の支給など，いくつかの施策が介護保険制度に移行しました。また，「老人保健施設」は「介護老人保健施設」として介護保険法に規定される施設となりました。さらに2002年から，老人保健事業の対象者は，医療保険に加入している75歳以上（寝たきりなど一定の障害のある場合は65歳以上）の高齢者となったのです。また診療所での定額制（1日に

つき850円，月4回まで）は廃止され，かかった費用の1割（一定以上の所得者は2割）を払う定率制のみとなりました。

2）目的と基本理念

老人保健法は，「国民の老後における健康の保持と適切な医療の確保を図るため，疾病の予防，治療，機能訓練等の保健事業を総合的に実施し，もって国民保健の向上及び老人福祉の増進を図る」（第1条）ことを目的としています。

また，基本理念は，「① 国民は，自助と連帯の精神に基づき，自ら加齢に伴って生じる心身の変化を自覚して常に健康の保持増進に努めるとともに，老人の医療に要する費用を公平に負担するものとする。」「② 国民は，年齢，心身の状況等に応じ，職域若しくは地域又は家庭において，老後における健康の保持を図るための適切な保健サービスを受ける機会を与えられるものとする。」（第2条）と規定されています。

具体的には，老人医療費支給制度を廃止し，① 予防から治療，機能回復までの包括的な医療を高齢者に提供すること，② 高齢者の医療にかかわる費用を国，地方公共団体，医療保険制度の保険者で支出すること，③ 高齢者が受診をする際に一部費用を負担することにより，適切な受診を促すことを目的としています。

3）保健事業

老人保健法の下での保健事業を図示すると，図表4－2のようになります。

老人保健法の下でこれらの保健事業は，地域住民にもっとも身近な行政主体である市町村が中心となって実施しています。「医療等」は，75歳以上（2002年より段階的に5年間で70歳から75歳に引き上げ）の高齢者を対象に保健医療機関で行いますが，「医療等以外の保健事業」は，40歳以上の人を対象に市町村保健センターや保健所などで行います。

保健事業に関する費用は，利用者の一部負担を除いてすべて市町村を通じて支払われます。「医療等」に要する費用については，患者の自己負担分を除き，70％を社会保険診療報酬支払基金から市町村へ交付される老人医療費拠出金でまかなうことになっています。この老人医療費拠出金とは，医療保険の各保険

図表４－２　保険事業の概要

種類	対象者	内容
健康手帳の交付	・老人保健法の医療の受給資格がある者 ・健康診査の受診者、要介護者等で希望する者	○医療受給者証及び医療の記録並びに医療の記録の補足 ○健康診査、健康教育、健康相談、機能訓練、訪問指導の記録 ○生活習慣行動等の把握 ○生活習慣病の予防及び老後における健康の保持と適切な医療のための知識等については、市町村が創意工夫し作成
健康教育 ・個別健康教育 ・集団健康教育 ・介護家族健康教育	・基本健康診査の結果「要指導」の者等 ・40歳以上の者 ・必要に応じ、その家族等 ・40歳以上の者のうち、家族の介護を担う者等	○個人の生活習慣を具体的に把握しながら、継続的に個別に健康教育を行う ・高血圧　・高脂血症　・糖尿病　・喫煙者 ○健康教室、講演会等により、以下の健康教育を行う ・歯周疾患　・骨粗鬆症（転倒予防）　・病態別・薬　・一般 ○者等に発生しやすい健康上の問題に関する一般的な知識や留意事項
健康相談 ・重点健康相談 ・総合健康相談 ・介護家族健康相談	・40歳以上の者 ・必要に応じ、その家族等	○幅広く相談できる窓口を開設し、以下の健康相談を行う ・高血圧　・高脂血症　・糖尿病　・歯周疾患　・骨粗鬆症 ○対象者の心身の健康に関する一般的事項に関する指導、助言 ○家族の介護を行う者の心身の健康に関する指導、助言
健康診査 基本健康診査 ・基本健康診査	・40歳以上の者	○必須項目 ・問診・身体計測（身長、体重等）・理学的検査（視診、打聴診、腹部触診等）・血圧測定・検尿（糖、蛋白、潜血）・循環器検査（血液化学検査）総コレステロール、HDL－コレステロール、中性脂肪・肝機能検査（GOT、GPT、γ-GTP）・腎機能検査（クレアチニン）、血糖検査・選択項目［医師の判断に基づき実施］・心電図検査・眼底検査・貧血検査（赤血球数、ヘモグロビン値、ヘマトクリット値）・ヘモグロビンA1c検査
・訪問基本健康診査 ・介護家族訪問健康診査	・40歳以上の寝たきり者等 ・40歳以上で家族等が介護を担う者	○基本健康診査の検査項目に準ずる ○基本健康診査の検査項目に準ずる
歯周疾患検診	・40歳及び50歳の者	○検診項目　問診・歯周組織検査
骨粗鬆症検診	・40歳及び50歳の女性	○検診項目　問診・骨量測定
健康度評価 ・生活習慣病の予防に関する健康度評価 ・介護を要する状態等の予防に関する健康度評価 ・生活習慣行動の改善指導	・40歳以上の者	○生活習慣行動質問票及び社会、生活環境等質問票の配布 ○質問票の回答結果及び基本健康診査の結果等並びに問診等の方法による食生活、運動、休養等に関する個人の生活習慣を把握、評価し、当該対象者にふさわしい保健サービスを提供するための計画を策定 ○個人に即した具体的な生活習慣改善方法の提示
受診指導	・基本健康診査の結果「要医療」等と判定された者	○医療機関への受診指導
肝炎ウイルス検診	・40、45、50、55、60、65、70歳の者 ・過去に肝機能異常を指摘されたことのある者 ・広範な外科的処置を受けたことのある者 ・妊娠・分娩時に多量に出血したことのある者 ・基本健康診査においてALT（GPT）値により「要指導」とされた者	○検診項目　問診・C型肝炎ウイルス検査・HBS抗原検査
機能訓練 A型（基本型）	・40歳以上の者で、疾病・外傷その他の原因による身体又は精神機能の障害が比較に対する訓練を行う必要がある者	・市町村保健センター等適当と認められる施設で実施 ・転倒予防、失禁予防、体力増進等を目的とした体操 ・習字、絵画、陶芸、皮細工等の手工芸 ・レクリエーション及びスポーツ、交流会・懇談会等
B型（地域参加型）	・虚弱老人（寝たきり判定基準のランクJに相当する者）	・集会場、公民館等の身近な施設や公園等の屋外で実施 ・スポーツや絵画・工芸等の創作を主体とした活動 ・交流会、懇談会及び地域の諸行事への参加等を主体とした活動
訪問指導	・40歳以上の者であって、その心身の状況、その置かれている環境等に照らして療養上の保健指導が必要であると認められる者	○家庭における療養方法・介護を要する状態になることの予防 ○家庭における機能訓練方法、住宅改造、福祉用具の使用・家族介護を担う者の健康管理・生活習慣病の予防・関係諸制度の活用方法等 ○痴呆に対する正しい知識等

出典）図表４－１に同じ

者が共同で社会保険診療報酬支払基金へ拠出するものです。そして残りの30％を公費で負担しますが，公費の負担割合は国が20％，都道府県と市町村がそれぞれ５％となっています（図表４－３）。

図表4－3　老人保健事業の概要

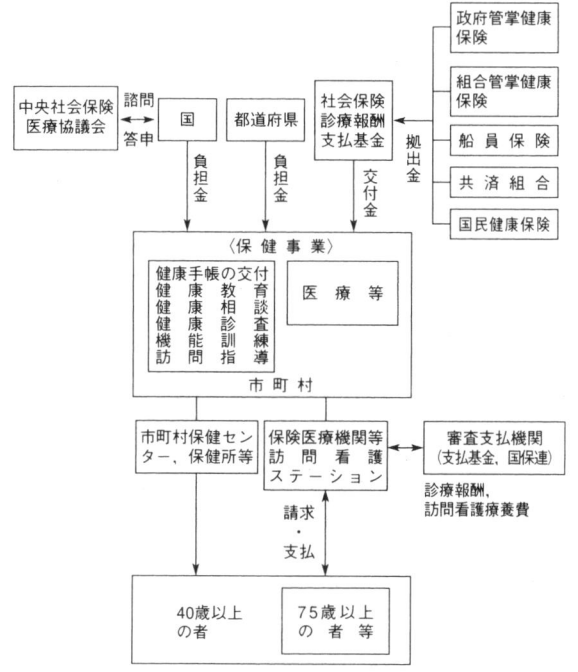

[図表：老人保健事業の概要を示すフロー図。政府管掌健康保険、組合管掌健康保険、船員保険、共済組合、国民健康保険から社会保険診療報酬支払基金へ拠出金が流れ、中央社会保険医療協議会（諮問・答申）、国、都道府県から負担金が〈保健事業〉（健康手帳の交付、健康教育、健康相談、健康診査、機能訓練、訪問指導／医療等）へ流れる。市町村が保健事業を実施し、市町村保健センター・保健所等、保険医療機関等・訪問看護ステーション、審査支払機関（支払基金、国保連）が関わる。対象は40歳以上の者、75歳以上の者等。]

出所）図表4－1に同じ

　一方，「医療等以外の保健事業」に要する費用は，全額公費によってまかなわれており，国，都道府県，市町村がそれぞれ3分の1ずつを負担しています（図表4－4）。

3．介護保険法

　介護保険制度は，1995年にドイツで創設されました。日本はそれを参考にして1997年に介護保険法を成立させ，2000年から施行しました。この制度は，要介護状態になった時に，所要の保険料負担のもとで在宅介護サービスまたは施設介護サービスにかかわる給付を行うものです。従来は税金による「措置

図表4－4　医療保険制度の概要

制度名	保険者 (平成14年 3月末)	加入者数(平成 14年3月末) [本人家族] ・千人	保険給付			現金給付	財源		平成14年2月末 老人保健医療対象者の割合(%)
			医療給付				保険料率	国庫負担・補助	
			一部負担	高額療養費	入院時食事療養費				
老人保健	[実施主体] 市町村	(平成14年 2月末) 15,675 被用者保険 3,352 国民健康保険 12,323	1割 (一定以上所得者は2割)	Ⓐ自己負担限度額 Ⓑ外来(個人ごと) (一定以上所得者) Ⓐ72,300円＋(医療費－361,500円)×1% Ⓑ40,200円 (多数該当の場合) Ⓐ40,200円 (一般) Ⓐ40,200円 Ⓑ12,000円 (低所得者) Ⓐ24,600円 Ⓑ8,000円 (低所得者のうち特に所得の低い者) Ⓐ15,000円 Ⓑ8,000円	同上。 ただし、低所得者のうち特に所得の低い者 1日300円	各医療保険 保険者から 支給	[費用負担] ・各制度の保険者 66% ・公費　　　　　　 34% (公費の内訳) 国：都道府県：市町村 4：1：1 (平成15年9月末まで)		総人口に占める老人保健医療対象者の割合(%)(平成14年2月末) 12.3 [保険局調]

(注)　1　老人保険制度の対象者は，各医療保険制度加入の75歳以上（ただし，平成14年9月30日までに70歳以上となった者を含む。）の者および65歳以上75歳未満の寝たきり等の状態にある者。
　　　2　国保組合の定率国庫補助については，健保の適用除外承認を受けて，平成9年9月1日以降新規に加入する者およびその家族については政管健保並とする。
　　　3　低所得者：市町村民税非課税世帯に属する者等。
　　　4　組合と老人保健の加入者数は速報値である。
出典）図表4－1に同じ

制度であったものが，保険方式を導入することによりサービスの提供者と利用者の「契約」制度という新しい関係を生み出しました。また自治体が保険事業の主体となることで，地域福祉の発展が求められ，住民参加の新しい地方自治の時代が始まったといわれています。

1）法制定の背景

①　要介護高齢者の増加

わが国の平均寿命は世界に誇るものがあります。しかしそれにともなって，要介護高齢者の増加もいちじるしいものがあります。そこで，要介護高齢者への支援の新しい政策を創設することが，政治に求められました。

②　医療費の増大

昭和60年以降，医療費の増大，とくに国民全体の医療費に占める老人医療費の増大が国家的課題となってきました。とくに厳しい指摘がなされたのは，長期間の介護入院の問題でした。そこで，医療保険制度を健全なまま維持してい

くために，介護を医療保険から切り離し，社会的入院解消の条件整備を図る必要が出てきました。

③ 老人介護の社会的支援の必要性

近年，核家族の増加，女性の社会進出などにより家族内で高齢者の介護を行うことが困難になってきました。いわゆる家族介護力の低下です。また家族介護者の精神的・肉体的疲労は多大なものであり，介護負担が原因となった自殺・心中・虐待等も社会問題となっています。そこで国民の将来への不安を払拭させるためには，もはや家族だけでは支えきれない高齢者介護を社会的に支えていくシステムの構築が求められたのです。これを「社会的介護」といいます。

2）目的と基本理念

① 自立支援

介護保険法の第1条には「その有する能力に応じ自立した日常生活を営むことができるよう，必要な医療保健サービス及び福祉サービスに係わる給付を行うため，国民の共同連帯の理念に基づき介護保険制度を設ける」と定めています。つまり介護保険法に示されたサービス給付の根本精神は，単に生活上の世話をするということではなく，要介護者一人ひとりがそれぞれの状況に応じて自立した生活を目指すための支援をすることなのです。

② 利用者中心

介護保険法には「被保険者の心身の状況，その置かれている環境等に応じて，被保険者選択に基づき，適切な保健医療サービス及び福祉サービスが，多様な事業者又は施設から，総合的かつ効率的に提供されるよう配慮して行われなければならない。」（第2条第3項）と規定されています。このことはサービス提供の形態が「措置制度」から利用者と事業者との間の「契約」へと移行したことを示しています。これによって利用者は自分の意志で施設を選択できるようになりました。さらに，そこで生じる施設間の競争によりサービスの質の向上が期待されます。それまで，福祉施設には競争がなかったわけですから，介護保険制度はまさに，社会福祉基礎構造改革の象徴といえるでしょう。

図表4-5　介護保険制度における被保険者・受給権者等について

	第1号被保険者	第2号被保険者
対象者	65歳以上の者	40歳以上65歳未満の医療保険加入者
受給権者	・要介護者(寝たきり・痴呆) ・要支援者(虚弱)	左のうち、初老期痴呆、脳血管障害等の老化に起因する疾病によるもの(表2)
保険料負担	所得段階別定額保険料 (低所得者の負担軽減)	・健保：標準報酬×介護保険料率 　(事業主負担あり) ・国保：所得割、均等割等に按分 　(国庫負担あり)
賦課・徴収方法	年金額一定以上は年金天引それ以外は普通徴収	医療保険者が医療保険料として徴収し、納付金として一括して納付

出典）図表4-1に同じ

3）介護保険制度の概要

① 保険者と被保険者

　保険者とは，この介護保険制度を運営する主体のことです。介護のような生活に密着したサービスは，住民にもっとも身近な行政単位である市町村が行うのが適当だという判断から，保険者は市町村・特別区となっています。

　被保険者とは保険料を支払い，要介護状態になった時に，介護保険を使って介護サービスを受給できる人のことをいいます。現在（2003年）の制度では，国は40歳以上の全国民の保険加入を目指しています。そのうち65歳以上を第1号被保険者，40～64歳の医療保険加入者を第2号被保険者としています（図表4-5）。

② 給付費用の負担

　給付費用の1割が利用者負担，残り9割のうち50％を公費＝税金（国が25％，都道府県と市町村がそれぞれ12.5％を負担），残り50％を保険料（第2号被保険者が32％，第1号被保険者が18％を負担）でまかなうことになっています（図表4-6）。

図表4－6　市町村の介護保険財政（平成15年度予算ベース）

[財源構成]（上乗せ給付や市町村特別給付は除く）

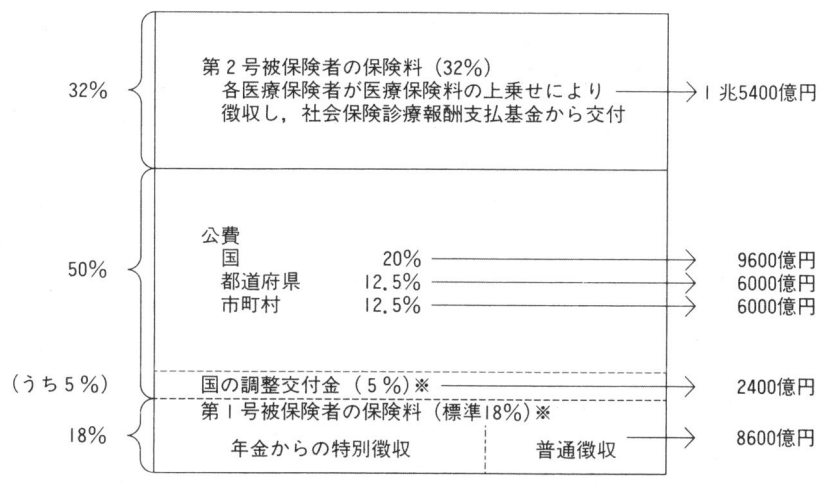

32%	第2号被保険者の保険料（32%） 各医療保険者が医療保険料の上乗せにより徴収し、社会保険診療報酬支払基金から交付	1兆5400億円
50%	公費 　国　　　　20%	9600億円
	都道府県　12.5%	6000億円
	市町村　　12.5%	6000億円
（うち5%）	国の調整交付金（5%）※	2400億円
18%	第1号被保険者の保険料（標準18%）※ 年金からの特別徴収　　　普通徴収	8600億円

給付費合計　4兆8000億円

※1）第1号被保険者の保険料は、平成15年度の給付費に充てられる額を計上した。
※2）国費の5%分は、調整交付金として、後期高齢者の割当等による第1号保険料率の市町村間格差の調整のために充てる。このため、実際に個別の市町村に交付される割合は、各市町村によって異なる。また、第1号被保険者の保険料も調整交付金の交付状況に応じて異なってくる。
出典）図表4－1に同じ

③　保険料と徴収方法

　各市町村で決められる第1号被保険者の保険料は、一般に公的年金から差し引いてその人が居住する市町村に支払われます。年金から差し引けない人の保険料は、市町村が直接徴収（普通徴収）します。第2号被保険者は、加入している医療保険の算定基準により介護保険料率が算定され、医療保険料に上乗せされ徴収（特別徴収）されます。なお被用者保険加入者の場合は所得比例で労使折半となります。

④　認　定

　介護保険の給付を受けるには、被保険者は市町村による以下の手順によって、要介護あるいは要支援の認定を受けなければなりません。なお、この一連の手

順を要介護認定といい，次のようにすすめていきます（図表4－7）。① 被保険者もしくはその家族（または被保険者，家族の依頼を受けた居宅介護支援事業者）が市町村に申請します。② 市町村（介護支援専門員＝ケアマネジャーに委託してもよい）が，被保険者の心身の状況を訪問調査します。③ 基本調査79項目の調査結果に基づいてコンピュータ処理を行い要介護認定基準時間を算出します（第1次判定）。④ 市町村が設置し，保健・医療・福祉に関する学識

図表4－7　介護保険制度における要介護認定と介護サービス計画の作成

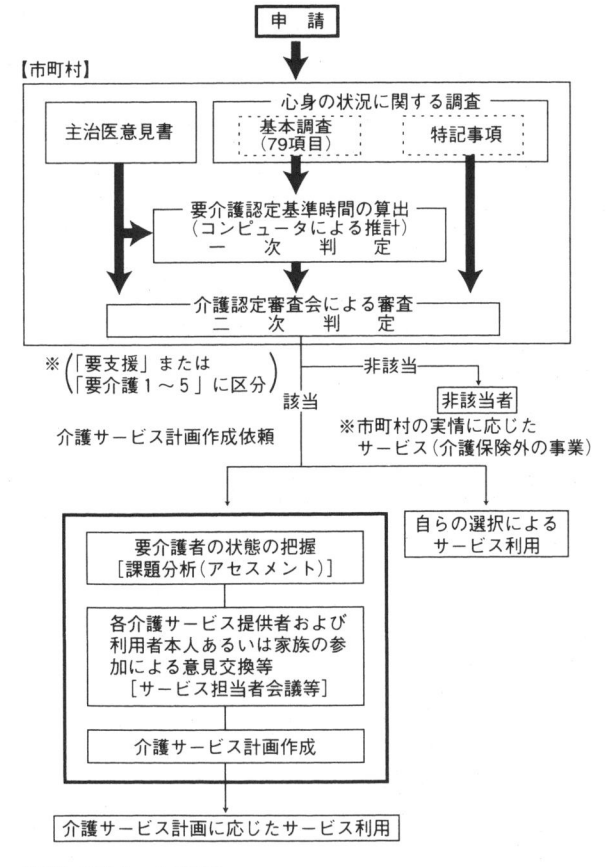

```
                         ┌─────┐
                         │ 申 請 │
                         └─────┘
                            │
   【市町村】                 ▼
  ┌──────────────────────────────────────┐
  │          ─心身の状況に関する調査─        │
  │  ┌────────┐  ┌────────┐  ┌────────┐  │
  │  │主治医意見書│  │基本調査  │  │特記事項│  │
  │  │        │  │(79項目) │  │        │  │
  │  └────────┘  └────────┘  └────────┘  │
  │       │         │         │        │
  │       │         ▼         │        │
  │       │  要介護認定基準時間の算出        │
  │       │  （コンピュータによる推計）      │
  │       │     一　次　判　定            │
  │       ▼         ▼         ▼        │
  │       介護認定審査会による審査           │
  │            二　次　判　定              │
  └──────────────────────────────────────┘
            │                    │
    ※「要支援」または              非該当
    「要介護1～5」に区分                │
            │該当                 ▼
            │              ┌─────┐
     介護サービス計画作成依頼      │非該当者│
            │              └─────┘
            ▼              ※市町村の実情に応じた
    ┌──────────────┐     サービス（介護保険外の事業）
    │ 要介護者の状態の把握  │
    │ ［課題分析(アセスメント)］│    自らの選択による
    ├──────────────┤    サービス利用
    │ 各介護サービス提供者および│
    │ 利用者本人あるいは家族の参│
    │ 加による意見交換等      │
    │ ［サービス担当者会議等］  │
    ├──────────────┤
    │ 介護サービス計画作成    │
    └──────────────┘
            │
            ▼
    ┌──────────────────┐
    │介護サービス計画に応じたサービス利用│
    └──────────────────┘
```

出典）図表4－1に同じ

図表4－8　要介護認定における一次判定

直接生活介助	入浴、排せつ、食事等の介護
間接生活介助	洗濯、掃除等の家事援助等
問題行動関連行為	徘徊に対する探索、不潔な行為に対する後始末等
機能訓練関連行為	歩行訓練、日常生活訓練等の機能訓練
医療関連行為	輸液の管理、じょくそうの処置等の診療の補助

要支援	上記5分野の要介護認定等基準時間が25分以上32分未満またはこれに相当する状態
要介護1	上記5分野の要介護認定等基準時間が32分以上50分未満またはこれに相当する状態
要介護2	上記5分野の要介護認定等基準時間が50分以上70分未満またはこれに相当する状態
要介護3	上記5分野の要介護認定等基準時間が70分以上90分未満またはこれに相当する状態
要介護4	上記5分野の要介護認定等基準時間が90分以上110分未満またはこれに相当する状態
要介護5	上記5分野の要介護認定等基準時間が110分以上またはこれに相当する状態

出典）図表4－1に同じ

経験者5～6人から成る介護認定審査会が第1次判定とかかりつけの医者の意見書をもとに最終的な第2次判定を行います。こうして要支援あるいは要介護（5段階）と認められた者は、その区分に応じたサービスを利用することができます（図表4－8）。

⑤　介護サービス計画

介護サービスは、「ケアプラン」とよばれる計画に基づいて実施されます。「ケアプラン」を作成するねらいは、利用者のニーズに基づいたサービスを、過不足なく計画的に提供するためです。「ケアプラン」は、介護支援専門員（通称ケアマネジャー）に委託して作成してもらっても、利用者本人や家族が作成してもかまいません。しかし、現状では多くの場合、介護支援専門員に委託することが多いようです。介護支援専門員には、利用者にとって必要な情報を提供すること、さまざまな事業者と連絡を取りながら利用者にとって最善のサ

図表4－9　介護保険における給付内容

	在宅サービス
要介護者	①訪問介護（ホームヘルプ） ②訪問入浴介護 ③訪問介護 ④訪問リハビリテーション ⑤居宅療養管理指導 ⑥通所介護（デイサービス） ⑦通所リハビリテーション（デイ・ケア） ⑧短期入所（ショートステイ） ⑨短期入所療養介護（ショートステイ） ⑩痴呆対応型共同生活介護（グループホーム） ⑪特定施設入所者生活介護（有料老人ホーム） ⑫福祉用具貸与 ⑬居宅介護福祉用具購入量等（特定福祉用具の購入） ⑭居宅介護住宅改修費（住宅改修） ⑮居宅介護支援

出所）『国民の福祉の動向』（平成11年版）厚生統計協会, p.225

ービスを組み合わせることなどが求められています。

⑥　給付の内容

　保険給付としては，「要介護」と認定された人が要介護度（1～5）に応じて受けられる「介護給付」と，「要支援」と認定された人が日常生活上の支援を受けられる「予防給付」があります。第2号被保険者は15種類の特定疾患（初老期の痴呆，脳血管系疾患，パーキンソン病，慢性関節リュウマチ等）で介護や支援を必要とする時だけ，介護サービスが受けられます。介護保険の給付される具体的サービスは，図表4－9および図表4－10のとおりです。

　在宅サービスの給付については要介護度に応じた支給限度額（上限額）（図表4－11）が設定され，施設サービスの給付については要介護度に応じた給付額が設定されています。また，地方自治体によっては，国が定めた基準以上のサービスを供給することがあります。たとえば，保険者である市町村の判断で，

図表4－10　介護保険制度における施設サービス

	介護老人福祉施設		介護老人保健施設	介護療養型医療施設 (療養病床を有する病院の場合)	医療保険適用の療養型病床群
	介　護　保　険				医　療　保　険
対象者	身体上または精神上著しい障害があるために常時の介護を必要とし、かつ、居宅においてこれを受けることが困難な要介護者		病状安定期にあり、入院治療をする必要はないが、リハビリテーションや看護・介護を必要とする要介護者	病状が安定している長期療養患者であって、カテーテルを装着している等の常時医学的管理が必要な要介護者（右に該当する者を除く）	病状が安定している長期療養患者のうち、密度の高い医学的管理や積極的なリハビリテーションを必要とする者・40歳未満の者および40〜65歳未満の特定疾病以外の者
指定基準	＜小規模生活単位型＞ ユニット 　居室：個室 　(1人当たり13.2㎡以上) 　共同生活室　等 医務室 浴室　等 廊下幅 　片廊下1.8m以上 　中廊下2.7m以上 　(アルコーブを設ける場合) 　片廊下1.5m以上 　中廊下1.8m以上	＜従来型＞ 居室：4人以下 (1人当たり10.65㎡以上) 医務室 機能訓練室 食堂 浴室　等 廊下幅 　片廊下1.8m以上 　中廊下2.7m以上	療養室：4人以下 (1人当たり8㎡以上) 診察室 機能訓練室 談話室 食堂 浴室　等 廊下幅 　片廊下1.8m以上 　中廊下2.7m以上	病室：4床以下 (1人当たり6.4㎡以上) 機能訓練室 談話室 食堂 浴室　等 廊下幅 　片廊下1.8m以上 　中廊下2.7m以上	病室 (1人当たり6.4㎡以上) 機能訓練室 談話室 食堂 浴室　等 廊下幅 　片廊下1.8m以上 　中廊下2.7m以上
	医師（非常勤可）　1人 看護職員　　　　　3人 介護職員　　　　31人 介護支援専門員　1人 その他 　生活相談員　等		医師（常勤）　　　1人 看護職員　　　　　9人 介護職員　　　　25人 理学療法士 または作業療法士適数 介護支援専門員　1人 その他 　支援相談員　等	医師　　　　　　　3人 看護職員　　　　17人 介護職員　　　　17人 理学療法士 または作業療法士適数 介護支援専門員　1人 その他 　薬剤師、栄養士　等	医師　　　　　　　3人 看護職員　　　　17人 介護職員　　　　17人 その他 　薬剤師、栄養士　等

注　人員基準については100人当たり

出典）図表4－1に同じ

介護保険の限度額以上のサービスを提供することを「上乗せサービス」といいます。また，市町村が国の制度にない配食等のサービスを提供することを「横出しサービス」とよんでいます。

⑦　介護報酬

介護報酬とは，介護サービスの提供者に対して支払われる費用のことです。この介護報酬は国保連合会が審査支払機関となって，介護保険から介護サービス提供事業者に支払われます。制度開始から3年後の見直しで（2003年4月），ホームヘルプやケアマネジャーの報酬の引き上げ，黒字基調の施設分については引き下げ等が行われました。

⑧　ホテルコスト・食費の負担等

2005年10月の改正により，介護保険施設の部屋代と食費は実費負担となりました。また，2006年4月から，介護報酬の見直しがあります。

図表4－11　各施設サービスの支給額

施設の種類	単位数[3]　（　）内は，円（月額）への換算[4]	
介護老人福祉施設〈小規模生活単位型〉	要介護1 要介護2 要介護3 要介護4 要介護5	784　（23.8万円） 831　（25.3万円） 879　（26.7万円） 927　（28.2万円） 974　（29.6万円）
介護老人福祉施設〈従来型〉（人員配置3：1の場合）[2]	要介護1 要介護2 要介護3 要介護4 要介護5	677　（20.6万円） 748　（22.7万円） 818　（24.9万円） 889　（27.0万円） 959　（29.2万円）
介護老人保健施設（人員配置3：1の場合）	要介護1 要介護2 要介護3 要介護4 要介護5	819　（24.9万円） 868　（26.4万円） 921　（28.0万円） 975　（29.6万円） 1,028　（31.3万円）
介護療養型医療施設（療養型病床群を有する病院で，人員配置が看護6：1，介護4：1の場合）	要介護1 要介護2 要介護3 要介護4 要介護5	820　（24.9万円） 930　（28.3万円） 1,168　（35.5万円） 1,269　（38.6万円） 1,360　（41.3万円）

注　1）　食事の提供に係る部分を除く。
　　2）　人員配置3：1とは，介護職員・看護職員の人員配置が，入所者3人に対し1人であることをいう。以下，同じ。
　　3）　1単位の円への換算は，地域区分（5区分）により異なり，「その他」地域においては，1単位＝10円である。
　　4）　「その他」地域についての計算例として，単位数×10×30.4日の算式により計算した。

出典）図表4－1に同じ

4　その他の施策

　この節では，高齢者に関する施策や審議会などを年代順にみていくことにより，高齢者の施策が，どのように「社会福祉基礎構造改革」へと向かっていったのかをまとめてみました。

1）福祉関係3審議会　意見具申

　1989年3月，福祉関係3審議会（中央社会福祉審議会，中央児童福祉審議会，身体障害者福祉審議会）合同企画分科会が，小泉純一郎厚生大臣（当時）に意見

具申として提出した「今後の社会福祉のあり方について」は，地域で福祉・保健サービスを総合的に提供する体制づくりを指向したものでした。具体的には① 市町村の役割重視，② 在宅福祉の充実，③ 民間福祉サービスの健全育成，④ 福祉と保健・医療の連携強化・総合化，⑤ 福祉の担い手の養成と確保，⑥ サービスの総合化・効率化を推進するための福祉情報体制の整備，が「21世紀にふさわしい社会福祉のあり方」として提言されています。

2）21世紀福祉ビジョン

1994年3月，高齢社会福祉ビジョン懇談会から「21世紀福祉ビジョン」が報告され，「公的保障中心の高福祉・高負担型」および「自助努力中心の低福祉・低負担型」は共に否定され，「公民の適正な組み合わせによる適正給付・適正負担」というわが国独自の方向性が示されました。また，年金・福祉・医療の給付バランスを5：4：1から5：3：2にすることを目指すなど，新たな社会サービスの枠組みが提言されています。

3）新ゴールドプラン

上記の「21世紀福祉ビジョン」の報告をうけて1994年，厚生，大蔵，自治大臣合意により「高齢者保健福祉10か年戦略の見直しについて」（新ゴールドプラン）が策定され，ゴールドプラン（1989年）の目標数値の大幅な引き上げとともに「利用者本位」「自立支援」という新たな理念が盛り込まれました。

4）「高齢社会対策基本法」

1995年11月，「高齢社会対策基本法」が成立し，雇用，年金，医療，福祉，教育，社会参加，生活環境等の社会システム全般について，高齢社会に適したものに変革する必要があることが明言されました。

5）「社会福祉基礎構造改革について（中間まとめ）」

1998年には「社会福祉基礎構造改革について（中間まとめ）」が社会福祉構造改革分科会より公表され，社会福祉の基礎構造を抜本的に改革することが提案されました。改革の方向としては，① 対等な関係の確立，② 地域での総合的な支援，③ 多様な主体の参入促進，④ 質と効率性の向上，⑤ 透明性の確保，

⑥公平かつ公正な負担，⑦福祉文化の創造等が示されたのです。

6）成年後見制度

1998年，「社会福祉分野における日常生活支援事業に関する検討会」により「社会福祉分野における権利擁護を目的とした日常生活支援について」が報告され，痴呆性高齢者に対する成年後見制度が提案されました。この段階では，民法上の一般の任意代理の委任契約という位置づけでした。そして，1999年の「民法の一部を改正する法律」により，従来の禁治産制度が成年後見制度へと改められ，痴呆性高齢者の権利擁護が法的に整備されたのです。

7）「社会福祉基礎構造改革」

1999年，50年近くに渡って大きな改革が行われていなかった社会福祉事業，社会福祉法人，措置制度などの抜本的見直しを目的として，厚生省より「社会福祉基礎構造改革について（社会福祉事業法等改正案大綱骨子）」が公表されました。これを受けて翌2000年に「社会福祉増進のための社会福祉事業法の一部を改正する等の法律」が成立し，①行政による措置制度から利用者が選択する契約制度へ，②権利擁護，苦情解決等の利用者保護，③事業者によるサービスの質の向上，④社会福祉事業の活性化などを推進するため，社会福祉事業法（「社会福祉法」に題名改正）を初めとして8本の法律が改正されました。

8）高齢者の住居の安定の確保に関する基本的な方針

高齢者の住居確保に関しての施策は，老人福祉法において特別養護老人ホームや養護老人ホームなどの施設が「住居を確保することが困難な高齢者」に住居を提供する代替施策とした時代がありました。

平成12年に介護保険制度が実施された折，特別養護老人ホーム入所要件は，要介護度3以上とされていましたが，当時介護度2以下の入所者も多く，移行にともなう措置として5年間は継続して居住することができるとされています。それ以下の介護度の入所者の多くは，

「居住を確保することが困難な高齢者」でもありました。

一般に，賃貸アパート（木造）の耐用年数は25年くらいとされていますが，

高齢者で，賃貸アパートに入居している者は，若い頃より入居して，長い年月を経て，高齢期にさしかかったときに賃貸アパートの建て替え時期にあたることが多く，家主は建て替え後，ワンルームマンションとして時代にあった，とくに若い入居者のニーズにあった建物を建設しようとします。また，家主が次世代にかわって，相続税納入の手だてとして賃貸アパートを売却することもあり，賃貸アパートに居住していた高齢者は，建て替えたマンションに継続して入居することがむずかしくなります。このことは，バブル期から，いわれていたことですが，老人福祉施設が介護保険法施行により，措置から契約へ移行した後，とくに高齢者の居住確保が急務となりました。

　軽費老人ホームやケアハウス，また，シルバーハウジング建設もなされましたが，まだ，高齢者の住居確保については不十分でした。

　そんななか，平成13年3月「第八期住宅建設5箇年計画」(計画期間平成13年度から17年度)が閣議決定され，発表されました。いきいきとした少子高齢社会を支える居住環境の整備を基本課題にしています。また，同年「高齢者の居住の安定確保に関する法律」(以下高齢者居住法)が制定されました。

　「第八期住宅建設5箇年計画」では，① 高齢者等の多様なニーズ等に的確に対応し，加齢等による身体機能低下等にも基本的にそのまま住み続けられる住宅の供給と普及，② 社会福祉施設との併設推進，医療・保健・福祉連携と住環境の整備，③ 民間活力活用の推進と高齢者が安心して居住できる住宅の供給，④ 住宅性能水準を設け，住宅のバリアフリー化の目標を設定，しています。

　「高齢者の居住の安定確保に関する法律」では，高齢者の入居を拒まない賃貸住宅の登録・閲覧制度，バリアフリー化された優良賃貸住宅の供給。終身建物賃貸制度などの施策によって高齢者の居住の安定確保を図っています。

　また，国土交通省ではやはり，平成13年「高齢者が居住する住宅の設計にかかわる指針」を告示し，住宅のバリアフリー化をはかっています。また，加齢対応構造などを備えた住宅へ改築する際に住宅金融公庫などの金融機関から融資を受けた場合，高齢者居住法では，高齢者がそのような融資を受けることに

対して元金の返済は死亡時に一括償還することができるとしています（高齢者向け返済特例制度）。その他貸し付け条件の優遇などバリアフリー化を促進する措置が図られています。さらに，高齢者向け有料賃貸住宅制度では，建設費・改良費補助・家賃補助等を行っています。

医療・保健・福祉連携のなかで高齢者へ生活支援を行っていくことを目的に高齢者向け公共賃貸住宅では「シルバーハウジング・プロジェクト事業」として，ライフサポートアドバイザー（生活援助員）による日常生活指導や安否確認などのサービスが受けられます。

「高齢者，身体障害者等の公共交通機関を利用した移動の円滑化の促進に関する法律」（平成12年，以下「交通バリアフリー法」という）「高齢者等が円滑に利用できる建築物の建築を促進するため，高齢者，身体障害者等が円滑に利用できる特定建築物の建築の促進に関する法律」（平成6年，以下「ハートビル法」という）などの法律整備がなされ，高齢者に配慮した街づくりも推進されています。

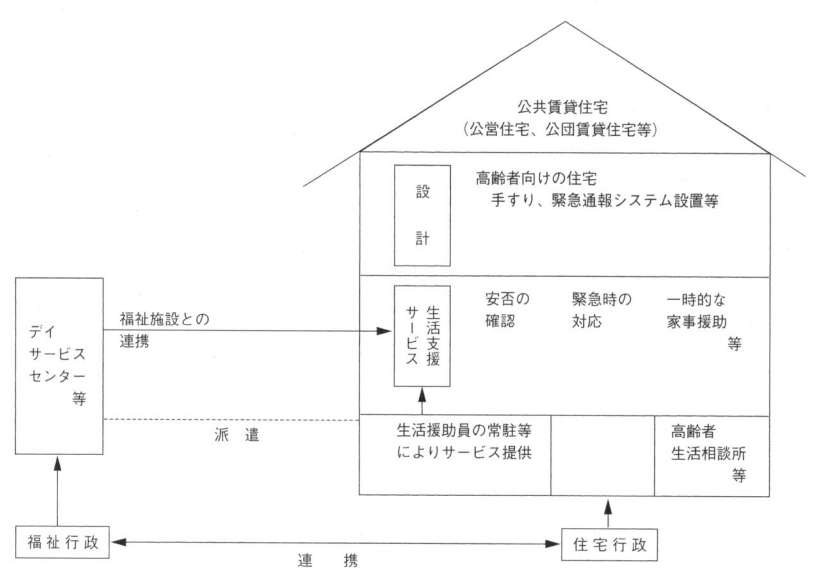

図表4－11　シルバーハウジング・プロジェクトの概念図

出典）内閣府編『平成15年版高齢社会白書』ぎょうせい

第4章　高齢者に関する法　97

図表4−12　高齢者に配慮したまちづくりの総合的な推進

事業の名称	事業の概要
健やかで活力あるまちづくり基本計画策定・普及啓発推進事業	高齢者が地域社会の中で安心して生活できるよう，地方公共団体が行う高齢社会に対応した地域社会の形成に関する基本計画の策定を促進する。
人にやさしいまちづくり事業	高齢者に配慮したまちづくりの推進を図り，高齢者の社会参加を促進するため，市街地における高齢者等の快適かつ安全な移動を確保するための施設の整備，高齢者等の利用に配慮した建築物の整備等を行う。
障害者や高齢者にやさしいまちづくり推進事業	協議会を設置し，高齢者に配慮したまちづくりに関する地域社会全体としての合意づくりを推進するとともに，まちづくりに関する総合計画の策定を行う。さらに，計画に基づき，既存の公共施設の改造・改善を実施し，面的な環境整備を行う。
共生のまちづくり推進	地方公共団体が行う，高齢者，障害者，児童などすべての人が自立していきいきと生活し，人と人との交流が深まる共生型の地域社会を実現するための取組に対し，支援を行う。

資料：厚生労働省，国土交通省，総務省
出典）図表4−11に同じ

図表4−13　高齢者，身体障害者等が円滑に利用できる建築物のイメージ

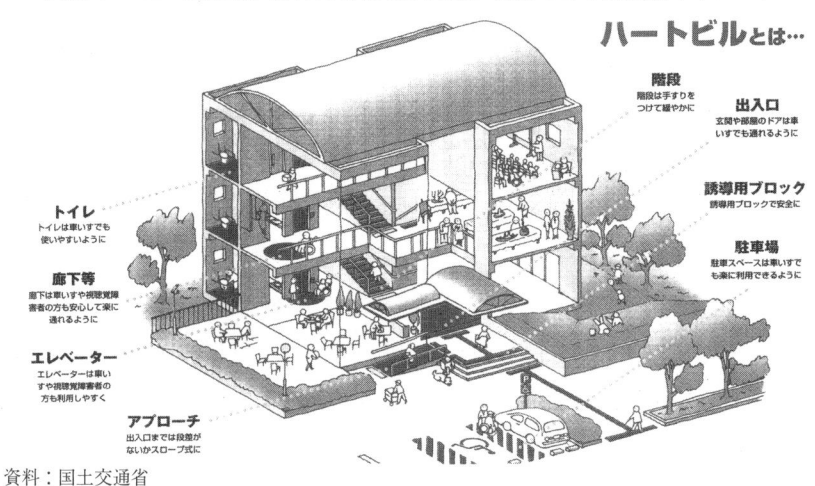

資料：国土交通省
出典）図表4−11に同じ

参考文献
・浅野仁・白澤政和・根本博編『老人福祉論』（新版・社会福祉士養成講座2）中央法規出版，2003年
・新六法別冊『高齢者福祉施策の動向』三省堂，2003年
・内閣府編『平成15年版高齢社会白書』ぎょうせい

第5章　高齢者福祉の倫理

1．「高齢者福祉の倫理」の必要性と社会的背景

　加齢にともない，体力や生活・就労能力などに減退が生ずる時期を迎えると，わが国では定年退職や家督相続などの制度により，高齢者は次世代に"社会的実権者"の立場を譲ることが，一般的に慣習とされてきました。そして，社会的実権者から身を引いた高齢者の生活は，通常は高齢者自身や家族・親族という血縁によって維持され，最終的に国家が保障してきたといえます。しかし，近年，わが国では高齢者人口が急増する一方で，出生率が低迷し，高齢者福祉の実践に不可欠な生産人口の確保が難しい上，バブル崩壊後の日本経済再建の遅れや年金制度の見直しなど，財政的にも厳しい状況にあります（白澤，1998，他）。さらに，今日の日本では従来の家族制度が実質上崩壊状態とされ，高齢者（両親）と同居したり面倒をみる家族や親族は減少傾向にあるといわれます（『平成14年版厚生労働白書』）。

　また，老夫婦だけ，あるいは独り住まいの高齢者が急増しています。地域福祉活動では，このような事態に対し，血縁を越えた"地縁による高齢者福祉の実践"の体制作りが進められています（三浦ら，2002）。こうした社会情勢は，当然受けるべき高齢者の福祉サービスを誰もが無条件に受けられる状況とはいいがたいものです（一番ヶ瀬，2003）。憲法や法律で"高齢者の人権擁護の実践"を定めても，それらが有効に実践されない場合があるということであります。言い換えれば，憲法や法律を定めることと同様に"実践の在り方や取り組む姿勢（意志や勇気）"が重要ということになりましょう。この"実践の在り方や取り組む姿勢"と深く関わるのが"私達一人ひとりの「倫理観」や「価値観」"です。したがって，各職能団体では"職業上大切と思われる倫理的配慮"を「倫理綱領」として公表し，社会に向けて遵守することを公約しています。

なかでも高齢者福祉領域に関わる専門職においては，上記の事情から従事者の倫理性が特に必要とされているのです。

よって，本節では，高齢者福祉に必要とされる倫理，すなわち「高齢者福祉の倫理」について概説します。そして，高齢者福祉の倫理を実践する際に必要とされる考え方や基本的事項を紹介するとともに，「高齢者福祉の倫理」の実践が果たす社会的意義や今後の課題について理解を深めていきます。

2．「高齢者福祉の倫理」とは

1）高齢者福祉の実践における倫理的視点

福祉専門職に従事する人びと（社会福祉士・介護福祉士，他）は，「当事者ひとり一人のニーズに応え，幸せな自立した生活を支援し保障する」という目的のもとに，社会福祉援助技術や介護技術などさまざまな専門技術や知識を駆使して当事者（高齢者）と関わりあいます。このような高齢者福祉活動が実践される場合，福祉職従事者は実施する仕事内容について，以下，図表5-1に示す「倫理的検索の視点」に対して常に説明可能であることが，倫理的に求められます。

また，これらについて説明可能であるだけでなく，その説明の内容が"倫理

図表5-1　高齢者福祉活動の実践に必要とされる倫理的検索の視点

検索の視点1：誰の立場をもっとも優先（大切）した実践なのか？
検索の視点2：どのような実践結果（効果）を予測している実践なのか？
検索の視点3：実践するにあたり，どのようなことが当事者にとって損失（最悪）と考え，それをどのようにして回避しようとしているのか？
検索の視点4：実践するにあたり，どのようなことにもっとも配慮しているのか？

図表5-2　普遍的倫理原則

倫理原則1：	「自律尊重の原則」	当事者の意向を最優先することを尊重する原則
倫理原則2：	「善行の原則」	当事者にとって，善い結果が予測される内容の実践を最優先する原則
倫理原則3：	「悪不履行の原則」	当事者にとって，不都合や危険が予測される実践の回避を最優先する原則
倫理原則4：	「正義・公平の原則」	正当性と公平性を最重視して実践する原則

的である"ことが求められます。"倫理的である"とは，原則主義の考え方（北米学派，ジョージタウン学派ともよばれ，生命倫理学の基礎を築いた学派の考え方）によれば，図表5-2に示す『普遍的倫理原則』に従う（もしくは破らない）ことを意味します。また（普遍的）倫理原則を破る程度に従い"非倫理的な行為"と解釈されることになります。

言い換えれば，「倫理的行為とは，倫理原則をまったくあるいは一部しか破らな行為」というように定義されるでしょう（中村，1999，他）。したがって"高齢者福祉を倫理的に実践する"ということは，高齢者（当事者）に提供されるケアワークやソーシャルワークの内容が，少なくとも倫理的検索の視点からみて"倫理原則を破らないと判断される行為が展開される状態"を意味することになります。

このように倫理原則と照らし合わせて，一定の結論（たとえば，実践の内容が"倫理的であるか否か"など）に至る過程を「Reasoning Process リーゾニングプロセス」とよび，"倫理的解釈・判断の過程"として重視されます（ビーチャムら，1996，他）。欧米先進国の倫理教育では，この"倫理的解釈・判断の過程"の育成に重点がおかれます。すなわち，倫理理論や歴史を中心に学ぶ倫理教育よりは，むしろ「何に基づき，どのように判断し，どのように振る舞うことが倫理的であるのか否か？」というような"倫理的根拠"を考える力を培う倫理教育が重視されるといえます。日本の高齢者福祉の実践に携わる専門家育成においても，同様の倫理教育が必要であるように思われます。ようやく日本も"法的根拠"と同様に"倫理的根拠"が問われる時代に突入したように思われます。

2）「高齢者福祉の倫理」の課題と実践の在り方

高齢者に対して実施されるサービス内容について「倫理的検索の視点」（図表5-1）から"倫理的根拠"の説明を試みたいと考える場合，判断の基準となるのが「普遍的倫理原則」（図表5-2）です。4つの倫理的検索の視点について検証し，実践しようとする内容が倫理原則すべてを満足する場合には"倫理

的行為"と判断されます。しかし，高齢者福祉の現場では，倫理的検索の視点のすべてにおいて，すべての倫理原則を同時に矛盾なく満足することは稀であり，多くの場合，いずれかの原則に抵触します。たとえば，当事者の意向を優先しようとすると，家族や専門家の意見を無視することになり，当事者にとって「善い結果が期待されるかどうか？」を判断しかねたりする場合が少なくありません。つまり，高齢者福祉の実践においては図表5-3に示すような"倫理的行為が成立し難い理由"が存在するとされます。したがって，倫理的行為実践に向けた努力が一層必要とされるように思われます。

すなわち，高齢者福祉の現場では「これらの理由で生ずる倫理問題を"倫理的に解決する"こと」が"高齢者福祉の倫理を実践する"ということになります。よって，2）-1から2）-4では，それぞれの理由ごとに生じやすい倫理的課題に対する"倫理的解釈"すなわち"倫理的検索の視点に対する説明の与え方"について要点を示すとともに，倫理的解釈に基づく"倫理的解決"の概要を説明し，「高齢者福祉の倫理」を実践する上で基礎的作業となる"倫理的解釈や倫理的解決の在り方"について理解を深めます。

図表5-3　高齢者福祉において"倫理的行為"が成立しがたい理由

理由1：理解力や表現力，判断力が正常でない場合（例，難聴，痴呆症，失語症，他）を多く認める
理由2：心身の機能低下（老化，病的低下，他）を認める場合が多く，自立度に問題を抱える場合が多い
理由3：経済的に自立する高齢者は少なく，生活面で何らかの経済的支援を必要とする場合が多い
理由4：個性（生活習慣・性格，他）が確立しており，価値観・人生観を変容させることが困難な場合が多い。
理由5：高齢者を"家長（長老）"として扱うのではなく，自他共に"扶養者・退役者"とみなす場合が多い。

2)−1：理解力や表現力，判断力などが正常でないことが原因で生ずる倫理問題に対する倫理的解釈と解決の仕方

　福祉サービスを受ける当事者（高齢者）のニーズに応えることが，倫理的であるとされても，当事者のコミュニケーション能力や判断力に障害がある場合には，福祉担当者が，当事者のニーズや決断の真偽を確かめることは，事実上不可能です。法的には，成年後見制度など，当事者の立場を代弁しうる人に当事者の権利を委ねることが可能です。しかし，倫理的にはコミュニケーション能力や判断力に障害がある人びとは，インフォームド・コンセントに必要な能力を喪失した人，すなわち"インコンピテンス"とみなされ，「自律尊重の原則」の適用傾向も否めません（森岡ら，1992，他）。最近では，残余能力に働きかけて，当事者の意向を確認する傾向にありますが，現実として当事者の承諾や同意をとることは難しい状況にあります。そこで，残る3つの原則に従い，倫理的検索の視点に対する説明をまとめると，図表5−4のように示されます。

　しかし，これらがすべて予定通りに実践されることは難しい上に，誰がどのようにして「これらが予定通り倫理的に実践されているのか否か？」を検証するのかという問題がつきまといます。倫理的責任の不履行に対して，法的に罰則をもうけている国や職能団体もありますが，一般的には専門家個人の責任として各自の「倫理観」に委ねられています。

　しかし，コミュニケーション障害や判断能力に問題のある高齢者の場合は，もっとも倫理原則の中で重視される「自律尊重の原則」の適用が難しいことか

図表5−4　コミュニケーション障害の高齢者に対する福祉実践の倫理

優先する立場	本人，または本人と最も利害を共有する人
目標とする実践結果	価値観・人生観に基づき，本人らしい生活形態（様式・環境）を維持し，QOLを高める
予測される障害・損失	本人が現時点で獲得している利益や権利を（不本意に）損ねること
配慮点	本人の意向の確認が困難なことから生ずる現実（専門家）と本人の意向のズレに配慮する

ら，本人以外が多大な不利益を被らないかぎり，非倫理的行為が際限なく繰り返される可能性を否定することができません。したがって，「悪不履行の原則」や「正義・公平の原則」の実践を確実なものとする意味からも，"倫理的行為が実践されているか否か"を評価・監視するシステムを，何らかの形で義務化することが望ましいように思われます。

2）－2：心身の老化にともない自立度が低下したことが原因で生ずる倫理問題に対する倫理的解釈と解決の仕方

　年齢が高齢となれば老化現象を否定することは不可能ですが，個人差は大きい。したがって，老化にともなうさまざまな心身の機能低下が，どの程度に当事者の自立度に影響するかということは，事例ごとに異なり，評価や対応を一様に定めるのは難しい。したがって，高齢者福祉の実践においては"個々のニーズに応える"ことが最優先して配慮されねばならないとされます。しかし，自立度が低下してるからといって，判断力や理想を求める気持ち，そして価値観までが失せてしまう訳ではない。身体機能の低下にともなって気落ちする自分を奮い立たせる意味もあって，一層自尊心を高邁に抱き，わがままになったり意固地になる高齢者も少なくない。福祉職従事者自身が精神的に余裕がないような場合には，こうした"老年の心理"を十分受け止めることができない危険が生じます。

　福祉の現場は，当事者にとっても又専門家にとっても"自己実現の場"となります。心身の健康な福祉専門家と半健康的な自立度低下の高齢者が相対する現場においては，強者対弱者の構図が存在することを忘れてはなりません。自立度の低下した高齢者福祉の実践でもっとも問題となるのが，専門家対非専門家という関係に加え，強者対弱者というもっとも倫理的に難しい関係，すなわち，人権を一方的に侵害し易い環境にあるということです。したがって，倫理的検索の視点に対する説明は図表5－5のようにまとめられます。

　心身の老化にともなう自立度低下の高齢者に対して福祉サービスを実践する場合，倫理的にもっとも問題となるのは，家族や介護者（福祉専門家も含む）

図表5－5　心身の老化にともない自立度が低下した高齢者に対する福祉実践の倫理

優先する立場	本　人
目標とする実践結果	本人の意向に従い、本人の希望する生活状態の維持／改善によるQOLの向上
予測される障壁・損失	本人の真意が理解されないまま、本人が諦めてしまい、自らの権利を放棄する事態を招くこと
配慮すべき点	他者の利益や権利が優先され、本人の意向や権利が優先されないことのないよう配慮する

が「善し」と考える支援を、結果として当事者に押しつけてしまうことです。介護保険制度をはじめ高齢者福祉施策の多くは、高齢者自身が「善し」と判断したというよりは、生産年齢世代が「良かれ」と考え決定したものです。したがって、上記図表5-5に示す"本人を優先する"という倫理原則に従った説明は、現実として破られる可能性が高い。この事実を、高齢者福祉に従事する専門家は忘れてはなりません。

「本人の意向を最優先できる場合とは、どのような場合であるのか？」そして「どのように実践すれば、本人の意向を優先したことになるのか？」「本人の意向を曲げて専門家の意向を優先せねばならない場合とは？」という課題については、常に当事者の視点から検証してみることが必要です。なぜなら、福祉職従事者のほとんどは、老化による自立度の低下という状態は未体験であり、当事者の心理を理解することは無限に不可能に近いからです。

2)－3：経済的支援を必要とすることが原因で生ずる倫理問題に対する倫理的解釈と解決の仕方

第2次世界大戦後、日本の経済復興を支えてきた世代が現在高齢者となっています。親の老後を次世代の子が経済的に支援することを当然としていた家督制度の時代を生きてきた世代です。したがって、息子や娘に自らの貯えや家屋・土地などを譲り渡してしまったうえ、年金や親族の支援も得にくいという高齢者は少なくありません。健康であっても、経済的に自立困難な状態であれば、何らかの福祉サービスを受ける権利を主張し享受することが可能です。し

かし，こうした経済的問題を抱える高齢者の多くは，自分の責任と考え，健康で幸せな生活を送る権利を自ら行使しようとは思わないことがあります。ひたすら我慢をして"他人に迷惑をかけないよう"生活する高齢者が多くいます。

福祉職従事者は"当事者のニーズに応えて実践すること"を心がける一方で，「我慢することを美徳」とし「他人に自分の惨めな状態を知られるのは恥」と考える倫理観や価値観が存在することを理解する必要があります。こうした倫理観をもつ高齢者は，自己主張の仕方が現代の社会システムと合致しにくいため，社会的に孤立しやすいものです。したがって，福祉専門家との関係も成立しにくいといえますが，もっとも福祉専門家の支援が必要とされる場合であり，福祉専門家の立場を"当事者より優先させねばならない状況が生ずる"数少ないケースのひとつです。法的に保障される権利が行使されるよう，倫理的にインフォームド・コンセントを実施し，福祉の指導と教育を実践することが必要です。これら倫理的検索の視点に対する説明をまとめると図表5-6のように示されます。

この場合に倫理的に問題となるのは，当事者の価値観や人生観によって"当事者の人権や生命"が脅かされるような状態，すなわち，当事者が"福祉の厄介になるのを恥"と考え援助を拒み続け餓死（孤独死・虐待死）に至るような場合です。法的には福祉専門家の責任は一般に問われないと考えられますが，倫理的には「善行の原則」や「悪不履行の原則」に抵触することとなるため，福祉専門家（担当者）の倫理的責任が問われます。日本では倫理的責任は余り

図表5-6　経済的支援を必要とする高齢者に対する福祉実践の倫理

優先する立場	本人（当事者）及び福祉職従事者（担当者）
目標とする実践結果	当事者の人権が行使され，経済的支援が得られ，生活福祉の向上が実現すること
予測される障害・損失	当事者の価値観・人生観などが否定され，反社会的行動や自暴自棄となる可能性があること
配慮すべき点	福祉専門家の立場を優先させる意味を理解して，当事者の福祉的指導・教育にあたること

強調されませんが，米国をはじめ多くの先進国では，法的責任より倫理的責任の方がが重視される傾向にあります。そして，合法的に対応することによって倫理的に矛盾が生ずるような場合には，法律改正に持ち込まれることも少なくありません。法的対応とは"絶対守らねばならない対応"とされるのに対し，**倫理的対応とは"理想的な最適な状態を目指す対応"**と考えられるからです。

　福祉専門家に課される倫理的対応の基本として「福祉的指導と教育の実践」があります。福祉専門家が倫理的責任として行う指導や教育の主な内容は次のようなもので，すなわち，身近な体験や分かりやすい説明をとおして"我慢や迷惑の限界"を知ってもらい"生命の大切さ"を理解してもらうことです。「高齢者福祉の倫理」の中でも，法的責任と混同しないよう特別な気配りを必要とする重要な側面です（図表3－3の理由4については紙面の都合上割愛するが，理由3と同様の側面を有するので，本項参考のこと）。

2)－4：高齢者を扶養者や引退者とみなすことが原因で生ずる倫理問題に対する倫理的解釈と解決の仕方

　一般に65歳以上を高齢者と定義しますが，いつの時代に，どのような根拠に基づき決定された年齢なのでしょうか？　65歳をもって高齢者と定義する理論的根拠は正確には把握しかねますが，社会では，現役から身を引き，第一線から離れる年齢のように受けとめられがちです。したがって，高齢者に対するイメージは"支援してもらう者"となりやすく，福祉職従事者も"手助けをする対象"として高齢者をみてしまいがちです。しかし，高齢者を支援や扶養の対象と考える他方では，日本社会の生活様式は，社会の中心をなす生産年齢世代に合わせた形で展開されているように思われます。経済的・政治的側面から考える場合には当然なのかもしれませんが，同じ共同体に暮らす高齢者が，文化的にも体力的にも無理のある生活様式を一方的に強いられる状態にあるとしたら，やはり問題ではないかと思われます。高齢者自身も含め，高齢者を"共に暮らす同僚"と考える人が少ないからかもしれません。高齢者のもつ体験や知恵に対して，高齢者も次世代も積極的に価値を見いだそうとせず，互いを尊重

図表5－7　高齢者を"扶養者／引退者"とみなすことが原因で生ずる倫理問題に対する倫理的解釈と解決の仕方倫理

優先する立場	当事者（社会的に考える場合，高齢者の全て）
目標とする実践結果	高齢者の経験や知恵が活かされ，人生の指南役として地域福祉に現役として参加する環境作り
予測される障壁・損失	高齢者を中心に考えることから，家族（扶養義務を担う者）との関係が損なわれやすい
配慮すべき点	引退し譲ることを"美徳"とする倫理観や"老いては子に従う"倫理観との共存をはかること

し認め合うことがむずかしくなっているように思われます。しかし，高齢者は倫理的にみると"人生の先輩"であり"人としての営みをすべて演じてみせてくれる先例"として"大切な存在"です。後輩に対して"人生の歩み方を示す指南役"という倫理的役割を担う高齢者は，その意味では"現役"なのです。この高齢者の倫理的意味を"高齢者に対する福祉活動実践の過程"に活かすことが，まさに「高齢者福祉の倫理」を実践することに繋がるように思われます。以上の点に留意し倫理的検索の視点に対する説明をまとめると，図表5－7のように示されます。

　今日の日本は急激な高齢化社会を迎えたこともあり，生涯教育が盛んに実施され，積極的に地域社会に参加する高齢者も多くいます（大橋，1999，他）。しかし，他方では，引退者として冷たい目でみられ，気兼ねや遠慮から自分の時間も居場所ももてない高齢者も少なくありません（渡辺，1999，他）。やはり，高齢者の倫理的意味を社会に受け入れてもらうには，高齢者も次世代も共に努力が必要であるように思われます。何よりもまず，国民全員が当事者である以上，終生つきまとう社会生活における倫理課題——「生産世代と退職世代が，互いの自己実現を実践するには，どうあるべきか？」——に国民全員が気付くべきでしょう。このような重要な課題の教育や指導そして当事者間の関係調整には，一体誰があたるのが妥当なのでしょうか？　ここに，高齢者福祉に従事する福祉専門家の重要な責務があるように思われます。これこそが「高齢者福

祉の倫理」の実践となるように思われます。思いやりや親切が，適切に，誰にでも，いつでも，どこでも，国民一人ひとりが実践できるようになるには"倫理教育"ばかりでなく，身の周りで"良い実践の事例"を数多く自然に体験できる環境が必要です。とくに，高齢者に対する根強い負のイメージを払拭して"倫理的高齢者の価値"を社会に根付かせるには，次世代との関係性を壊さないように実践することが大切です。双方の立場の理解に努めるとともに，一方に偏らない均衡のとれた倫理的配慮が要求されます。福祉職従事者に課されたもっとも重要な社会的責務かもしれません。

3．高齢者福祉における「職業倫理」と「倫理綱領」

1）「職業倫理」と「倫理綱領」の関係

高齢者福祉活動を実践するにあたり，報酬の授受を契約して従事する場合には，法的基準の他に倫理的基準に従うのが通常です。

この倫理的基準は，各専門職の職能団体ごとに「倫理綱領（規定）」として明文化され，社会に対して公約する形がとられます。各職能団体の「倫理綱領」の形態は，図表5-8に示す項目から成り立つのが一般的です。

通常「倫理綱領」の内容は，専門職に従事する者としての"責任の取り方（姿勢）"や"専門知識や技術の提供の仕方"に対する基準が提示されます。すなわち，「どのように専門技術／知識を提供したら，もっとも善い結果が得られるのか？」あるいは「適切に公平に実践するには，どのようにすべきか？」あるいはまた，「職能団体として，どのようなことをもっとも大切に考え，専

図表5-8 倫理綱領（規定）に含まれる項目

1. 序文もしくは前文
2. 倫理項目（原則，細則）
    ①利用者（当事者）に関する倫理
    ②専門職従事者自身に関する倫理
    ③同一専門職従事者間の関係に関する倫理
    ④関連職種間の関係に関する倫理
    ⑤社会（もしくは国民）に関する倫理

門技術や知識を通して，社会に貢献するのか？」というような，職能団体（あるいは専門家）としての基本的姿勢の在り方を，社会（国民）に対して公言し公約するのが「倫理綱領」といえましょう。そして，このような内容に関して学問研究する領域，もしくは学問体系をさして「職業倫理：professional ethics」と一般にいいます（中村，2002）。「職業倫理」は生命倫理学（Bio-Ethics）を基底として"専門家としての職務上の責任義務の遂行の在り方"や"専門職が担う社会的役割と意義"などを扱う学問領域といえましょう。

高齢者福祉に従事する代表的専門職として"社会福祉士や介護福祉士"があげられますが，それぞれの職能団体が掲げる「倫理綱領」の解釈と特徴について以下に簡単に触れます（両団体の「倫理綱領」は巻末に付したので，参照のこと）。両職能団体の「職業倫理観」の類似性と相違性について気付くと同時に，両専門職の高齢者福祉における社会的役割のそれぞれの特徴について「倫理綱領」の視点から理解を深めましょう。

2）日本社会福祉士会倫理綱領と日本介護福祉士会倫理綱領

「日本社会福祉士会の倫理綱領」と「日本介護福祉士会の倫理綱領」は，1987年に制定された「社会福祉士及び介護福祉士法」に規定される職務内容をまっとうすることを目的に策定されたと考えられます。両専門職は同一法律で同時に誕生したことからも明らかなように，"連携"が前提にあります。連携するためには，互いの専門性と独自性（役割分担）を理解することが必要です。法律では「社会福祉士は"要支援者の生活環境と社会制度間の関係調整に関わる専門職"とされ，他方，介護福祉士は"要支援者の身体を含む生活実態に直接関わる専門職"」と解釈され，両福祉士間に一定の職務分担が認められます。ところが現場では，要支援者の生活実態と環境そして社会制度を切り離しては存在し得ないことから，両福祉士の役割分担は必ずしも明瞭とはいいがたい（福山ら，1998，他）。このような現状を「倫理綱領」に掲げる両福祉士会の"倫理的側面"から検討してみると，両福祉士の関係は"相補的"であり，一方のみでは不十分で，両福祉士が共に関わり合うことによって初めて"理想的

図表5-9　社会福祉士会の倫理綱領と介護福祉士会の倫理綱領の相違点

社会福祉士「倫理綱領」	介護福祉士「倫理綱領」
重視する倫理原則	
1．正義の原則 2．公平の原則 3．自律尊重の原則	1．自律尊重の原則 2．善行の原則
重点をおく倫理的側面	
関係機関調整に関する倫理 社会全体と個の均衡に関する倫理	個人の権利に関する倫理

な高齢者福祉サービス"が実現するという関係が明らかとなります（中村，2001）。両福祉士会の「倫理綱領」を比較すると，社会福祉士については，社会と個人（当事者）の関係，公的機関や関連職種間の関係性が重視され，連携や調整機能が強調され，「正義・公平の原則」や「自律尊重の原則」を重視する傾向が認められます。他方，介護福祉士については，当事者と介護者の関係が重視され，身辺介護実践機能が強調され，「自律尊重の原則」や「善行の原則」を重視する傾向が認められます（図表5-9）。

つまり，当事者自体に専門的視点をおく介護福祉職と，当事者を取り巻く環境に専門的視点をおく社会福祉職の双方が"連携"することこそが「互いの専門性を高め，互いの存在を活かし合う道」であることを，両福祉士会の「倫理綱領」は示唆するように思われます。したがって，両福祉職が「どのように連携するのが，もっとも有効なのか？」あるいはまた「どのような連携が，互いの利点を活かし合うのか？」など"より良い連携の在り方（連携の倫理）"について真剣に取り組むことが望まれます。両福祉士の連携の在り方について考える視点－連携の倫理－もまた，重要な職業倫理の課題です（中村，2003）。

4．「高齢者福祉の倫理」の実践における課題と展望

哲学では「高齢者福祉とは何？」"What～？"が探求されるのに対し，倫理学では「高齢者福祉とは，どうすべき？，どのように実践したらもっとも理想

図表5－10　高齢者福祉の実践上の倫理課題

高齢者福祉の倫理課題Ⅰ：	どのようにしたら，高齢者(当事者)の意向をもっとも優先することができる？
高齢者福祉の倫理課題Ⅱ：	どのようにしたら，高齢者(当事者)にとってもっとも善い結果が得られる？
高齢者福祉の倫理課題Ⅲ：	どのようにしたら，高齢者(当事者)が遭遇する危険や損害を回避できる？
高齢者福祉の倫理課題Ⅳ：	どのようにしたら，高齢者の福祉サービスの提供を正しく公平にできる？

的？　どのようにしたら高齢者の福祉が実現できる？」など"How to do～？"が探求されます。したがって「高齢者福祉の倫理」とは，おおむね図表5－10で示す課題について考え，実践していくということになるでしょう。

　これら倫理課題の「どのようにしたら～」の部分に対して，「こうしたら～最良の福祉サービスができる」「こうしたら～危険を回避できる」「こうしたら～当事者のニーズが優先される」というように応え，専門技術を駆使して「こうしたら～」の活動内容を展開することが「高齢者福祉の倫理」の実践につながることになります。そして，それら活動展開の在り方が「倫理的または非倫理的であるか」を検索する視点が"倫理的検索の視点"であり，図表5－1で紹介したとおりです。検索の結果，倫理原則に照らして，当事者の意向を優先する（自律尊重の原則）ものであり，予想される結果が当事者にとって良い（善行の原則）もので，危険や損害が回避され（悪不履行の原則），正当なやり方で公平に実施される（正義・公平の原則）ことが確認される場合には，倫理原則すべてを満足することになり，したがって"倫理的行為"と解釈されることになります。こうした倫理的行為を常に実践することを具体的に文章化して公約したものが「倫理綱領」といわれるものです。

　しかし，倫理的行為の内容は，時代の流れとともに変化する可能性が高いように思われます。"当事者のニーズに応えること"が倫理綱領で公約されていても，10年前の当事者や家族の要望と介護保険下にある今日とでは大きく異なるでしょう。たとえば"喀痰の吸引"や"毎日の服薬介助"などの行為は，今日

の居宅介護では"生活行為"と考えられることから，福祉専門家に対して家族から代行の依頼も増加の傾向にあります。しかし，法的には"医療的行為"とみなされ，福祉専門家は家族や当事者の依頼に応えることは難しいのが現状です。ここに，倫理的に問題が生じます。すなわち，法的に対応して家族の依頼を拒絶した場合には，家族や当事者の意向に応えられず，何らかの"損害や不都合"，すなわち倫理的問題が家族や当事者に生ずる可能性が高いのです（中村，2003，他）。

このように，倫理的行為の具体的内容は，生活する人びとの価値観や社会情勢，生活文化の推移とともに変化する可能性が高いのです。したがって，「高齢者福祉の倫理」の実践の在り方を"一定の型"に固定（道徳化・標準化）することは危険であり，ある意味で倫理的でないといえるかもしれません（シン

図表5－11　高齢者福祉活動における倫理的思考・決断の過程

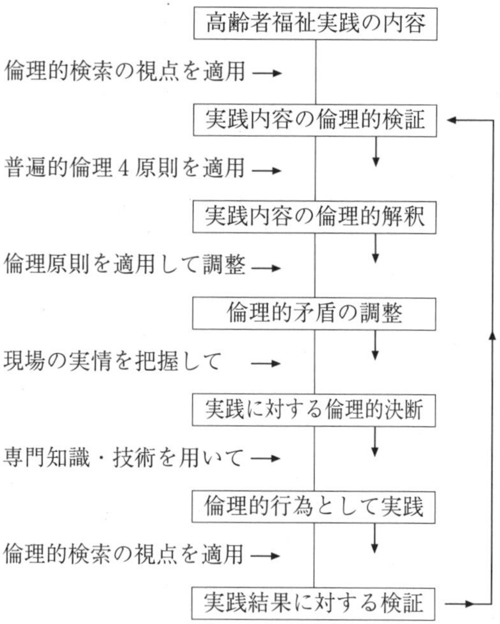

```
                         高齢者福祉実践の内容
   倫理的検索の視点を適用 →      ↓
                         実践内容の倫理的検証 ←─┐
   普遍的倫理4原則を適用 →       ↓              │
                         実践内容の倫理的解釈     │
   倫理原則を適用して調整 →      ↓              │
                         倫理的矛盾の調整         │
   現場の実情を把握して →        ↓              │
                         実践に対する倫理的決断   │
   専門知識・技術を用いて →      ↓              │
                         倫理的行為として実践     │
   倫理的検索の視点を適用 →      ↓              │
                         実践結果に対する検証 ───┘
```

ガー，1999，他）。

　その地域でその時代に生きる一人ひとりの要請を敏感に感じとり，制度や社会情勢の変化を偏見なく理解することに努めるとともに，実践しようとするサービス内容に対して，常に"倫理的検索の視点"から検証を試みる習慣を身に付けることが大切でしょう。

　倫理的行為の実践とは「倫理的行為を遂行する」ことも大切ですが，もっと大切なことは「倫理的行為とは，どういう理由から，どうすることなのか？」を考え，「なぜ実践不可能なのか？　なぜ良かったのか？　なぜ失敗したのか？」などを見極め，「だから，こうする，だから謝る，だから励ます，だから説明指導する」など，自ら思考し決断することが重要です。反省や修正を繰り返しながら，自らの「倫理的思考・決断の過程」（図表5-11）を培うことが"倫理的行為を実践することの究極の目的"であるように思われます。

　こうした地道で科学的根拠を踏まえた教育と倫理的行為の実践を積み重ねることによってこそ，21世紀の高齢化社会における高齢者福祉活動に新たな方向性が見い出だされるように思われます。

　これからの高齢者福祉の実践の現場は，高齢者のみならず全ての人びとにとって"豊な自己実現の場"となり"身近で得難い人間教育実践の場"として大いに地域社会で役立つことになるでしょう。高齢者福祉活動の現場や専門知識そして技術が"倫理的"に活用され地域社会に貢献することを，心から期待してやみません。

参考文献
・白澤政和『介護保険とケアマネジメント』中央法規出版，1998年
・厚生労働省監修『平成15年版厚生労働白書』ぎょうせい，2003年
・三浦文夫編『高齢者白書2002年版』全国社会福祉協議会，2002年
・一番ヶ瀬康子『介護福祉学の探究』有斐閣，2003年
・中村裕子「介護福祉士養成における生命倫理教育の実践を考える」『介護福祉教育』第4巻第2号，中央法規出版，1999年

- T. ビーチャムほか著，永安幸正・立木教夫監訳『生命医学倫理』成文堂，1996年
- A. ジョンソン著，森岡恭彦・上竹正躬共訳『医の倫理―何をどう考えるか』南江堂，1992年
- 渡辺康子『高齢者援助における相談面接の理論と実際』医歯薬出版，1999年
- 中村裕子「求められる介護福祉士の職業倫理教育の在り方―介護保険制度下における生命倫理問題解決の視点―」『介護福祉教育』第8巻1号，中央法規出版，2002年
- 福山和女「社会福祉援助サービス」大橋謙策・千葉和夫・福山和女編『社会福祉援助技術　社会福祉援助サービスの考え方と方法』中央法規出版，1998年
- 中村裕子「社会福祉実践を問う―ケアワークとソーシャルワーク：生命倫理・職業倫理（倫理綱領）の視点から」『日本社会福祉学会第49回全国大会発表要旨集』2001年
- 中村裕子「介護の倫理」岩橋成子編著『新版介護福祉概論』建帛社，2003年
- P. シンガー著，山内友三郎・塚崎智監訳『実践の倫理』昭和堂，1999年

第2部 高齢者福祉研究

第6章　高齢者人権擁護の現状

　わが国の平均寿命は，2002年には男78.32歳，女85.23歳で世界一の長寿社会になりました。他方合計特殊出生率は毎年低下しており，2004年には，1.29人で，少子社会化がすすんでいます。こうした社会背景もあり，① 少子・高齢化，家庭機能の変化，低成長経済への移行，② 社会福祉に対する意識の変化，③ 国民全体の生活の安定を支える社会福祉制度への期待から，社会福祉基礎構造改革や，医療制度改革や年金制度改革等の社会保障構造改革が行われています。

　戦後のGHQの下で整備された生活保護法・児童福祉法，身体障害者福祉法そして，高度成長期とともに知的障害者福祉法（精神薄弱者福祉法を1998年改称）老人福祉法，母子及び寡婦福祉法（母子福祉法を1981年改称）等福祉六法の基本的枠組みは，終戦直後の生活困窮者対策を前提としたものであり，現状のままでは増大，多様化する福祉需要に十分に対応していくことは困難になったこともあります。

　また，1970年に高齢化（7％）を迎え，1994年に高齢社会（14％）になっており，その間わずか24年間です。急速な高齢化に対して，社会環境システム，規制緩和や市場原理の導入，社会福祉基礎構造改革によって，措置から契約（介護保険の導入，2000年4月・支援費制度，2003年4月）による福祉サービスが現在行われています。

　福祉サービスが契約制度になったことは，自立支援（自己決定・自己選択・自己管理・自己実現）を目指すことであり，高齢者の人間としての尊厳が守られて主体的にその人らしく生きる権利が保障されることでもあります。

1．高齢者の現状と課題

　社会福祉法（2000年社会福祉事業法を改称）の第3条は，福祉サービスの基本理念を明確にし，利用者が自立した日常生活を営むことができるよう，良質

かつ適切なものでなければならないと述べています。

しかし，利用者一人ひとりの価値観や意識の違いは，自分で決定したことに対して必ずしも責任を持って生きていくことに慣れている方がただけとはかぎりません。それは，戦前の家父長制度（パターナリズム Paternalism）によって，女性には自己決定権がありませんでした。そのために，自己決定をしてはいけないと思っている人・依存的になってしまっている人・判断能力の低下によって自己決定が出来ない人等がおり，問題解決するためのエンパワメント（Empowerment）の支援・サービス情報の提供，選択肢の提示，個人的努力の支援，意欲の向上を図ること，生活の質・幸福の追求（憲法第13条）等，主体的に自己決定できる環境作りが重要となります。

福祉サービスにかかわる専門的な職業の人びと（医師，看護師，社会福祉士，介護福祉士，理学・作業療法士etc.）は，社会福祉援助技術（social work）能力と質の高い援助が出来る事が求められることになります。

2．権利擁護の意義

ソーシャルワークのアドボカシー（advocacy）は，権利擁護であり，ソーシャルワーカーにおける，アドボケーター（advocator）は代弁者としての機能，つまり社会福祉における近時の論説のなかで，「権利擁護」という用語が使われるのも，じつは，市民としての当たり前の権利が守られていないという現状認識があるからです。市民であれば当然守られるべき法的利益さえ侵害されている当事者の立場を擁護し，侵害されるおそれのある当事者の生活を支える手立てを講じようとするのが，「権利擁護」です。

現状は，ひとり暮らし，寝たきり，認知症の高齢者が増加し，地域において自立した生活を志向するなかで，高齢者に対する財産侵害，不公正な取引（消費者問題等），経済的な搾取，高齢・障害を理由とする差別，身体的・精神的・性的虐待など権利侵害の事例が多く見受けられるようになっています。

高齢者に契約締結能力が不十分な場合に生ずる多くの問題，契約の実行過程

で生ずるさまざまなトラブルの処理，サービス提供が民間事業者によって行われることにともなう質の低下の問題など，構造改革は必然的に新しい課題を生み出すこととなりました。

　最近実施されている権利擁護の，成年後見制度と地域福祉権利擁護事業は，契約締結能力が不十分な人に対する方法であり，苦情解決システムは，サービス契約上のトラブルに対応する方法のひとつです。さらに，サービス評価（とくに第三者評価）と事業者情報の開示は，サービスの質を向上させるとともに，利用者の選択の自由を確保するための方法です。

　このように権利擁護は，社会福祉サービス利用者の権利を支援・代弁・弁護するものです。その為には，権利擁護のシステム（苦情解決システム，日常生活支援システム，虐待・介護放棄・人権侵害等への緊急対応としての人権擁護システム）と家族，公的機関，NPO，オンブズマン（Ombudsman），ボランテ

図表6－1　権利擁護システムの全体イメージ

```
                    ┌─────────────────┐
                    │ 権利擁護システム │
                    └─────────────────┘
           ┌──────────────┼──────────────┐
           ▼              ▼              ▼
    ┌─────────────┐ ┌───────────────┐ ┌─────────────┐
    │苦情解決     │ │日常生活支援   │ │人権擁護     │
    │システム     │ │システム       │ │システム     │
    └─────────────┘ └───────────────┘ └─────────────┘

介護サービス等の苦情対応  高齢者等の日常生活支援  虐待、人権侵害等への対応
                         への対応

┌─────────────┐  ┌─────────────────┐  ┌─────────────┐
│運営適正化委員会│  │成年後見制度     │  │福祉オンブズマン制度│
│高齢者虐待の実態│  │地域福祉権利擁護事業│  │第三者評価制 │
│第三者　委員   │  │人権擁護委員会   │  │             │
└─────────────┘  └─────────────────┘  └─────────────┘
        ▲              ┌──────────┐
        └──────────────│ネットワーク│
                       │生活全体のサポート│
                       │づくり      │
                       └──────────┘
                                          見守り、声かけ運動、
                                          情報発信、安全確認
                                          地域福祉資源との連携
                                          人権擁護のNPO
```

ィア，社会福祉協議会等のネットワークが必要です。

　2004年4月26日発行の福祉新聞によると，"高齢者虐待1割「命の危険」"で，厚生労働省の高齢者虐待の初調査によると加害者の半数は自覚なく，被害者の8割が女性です。

　調査は，厚生労働省から委託を受けた医療経済研究機構が2003年11月から全国の在宅支援センターなどの在宅介護サービス関係機関1万6,802ヵ所を対象として実施しています。「過去1年間に家庭内であった65歳以上の高齢者への虐待」4,877件のうち，ケアマネジャーが把握した1,991件の内容を明らかにしています。虐待される人の平均寿命は81.6歳で，男性は全体の23.6％，女性は76.2％で女性が多いです。加害者は「息子」32.1％，「息子の配偶者」20.6％，「配偶者」20.3％の順になっています。

　虐待されている人の45.2％は自覚があるが，加害者は「自覚がない」54.1％と多い。回答したケアマネジャーあるいは所属の機関が，虐待の事実に気付くケースは，47.0％と半数にも満たない。加害者の6割は主たる介護者であり，「虐待者の介護疲れ」37.2％，「痴呆による言動の混乱」37.0％，「排泄介助の困難さ」25.4％など介護負担の重さも大きな問題であることも分かった。問題解決のために，加害者に行った働きかけは，「介護負担の軽減を勧めた」63.5％

図表6－2　家庭内での高齢者虐待の内容（複数回答）

区　　分	内　　容	割　合
身体的虐待	暴力的行為、身体拘束など	50.0％
心理的虐待	脅し、侮辱などで精神的苦痛を与えること	63.6％
性的虐待	合意のないあらゆる性的な行為・その強要	1.3％
経済的虐待	財産の無断使用。本人の使用を制限すること	22.4％
介護・世話の放棄	介護を放棄し、身体・精神を悪化させること	52.4％

（資料）「家庭内における高齢者虐待に関する調査」（厚生労働省）

が最も多い。回答したケアマネジャーは「極めて対応に苦慮した」45.0％，「多少の難しさは感じた」43.0％とし，その理由に「加害者が介入を拒む」38.2％，「技術的に難しかった」33.6％を挙げています。

　第1回日本高齢者虐待防止学会は，2004年7月3日にメインテーマ「高齢者の人権擁護に向かって」で，家庭における高齢者虐待に関わる全国調査報告から，－今なすべきことは－で，シンポジウムが行われました。

　このように人権擁護の対象となる方がたは，日常生活のなかで虐待が行われていることが多く，家族問題として，家庭のなかに潜んでいることが多いといえます。そのために早期発見，予防はむずかしいといえます。つい最近のマスメディアには，息子が親に借金を申し入れし，断られたことに対して，腹を立て殺害した事例もあり，金銭管理，心理，老化による能力低下に対する家族の理解が欠けるなど高齢者の問題が多いといえます。

　施設での虐待は，有資格者である看護師，介護福祉士，ホームヘルパー2級の介護に従事している人から利用者への虐待もあります。青あざ等の発見で家族に知られるケースが多く，施設内で行われる虐待は，職員内で内密にするケースが多いため外部に知れることが少なく，施設内の早期発見・予防も大変難しいのが現状です。もし，発見されても退職勧告をしてしまい，施設内での問題解決には至っていない場合もあります。「何故，虐待に至ったか」の解明がなされていないことは残念です。

　施設の多くは，介護職員の人手不足を挙げておりますが，事業者側からすると人材問題や人件費等の経済上の理由があげられることがあります。

　しかし，今日では，施設内で第三者委員会を設置し，苦情や不満などの声を解決し，サービス改善，向上につなげる動きが広がっています。

　苦情解決制度は，社会福祉事業法の改正（2000年6月）で，社会福祉法に新たに規定された仕組みです。事業者が解決を図れない場合は，都道府県の社会福祉協議会に設置された運営適正委員会で解決を図ることになります。

　第三者委員とは，施設利用者と事業者の間に入って，問題を公平，中立な立

場で円滑，円満に解決するために設けられた制度であり，事業者は，各施設における利用者が第三者委員を活用できる体制を整備することが求められております。第三者委員は，地区民生委員，ボランティア団体代表，利用者，家族会，学識経験者からなる福祉オンブズマンとして活動することになります。そして第三者委員を交えた話によって，利用者本人や家族からの不満をいいやすくする環境作りが大切だと考えます。利用者と契約者が対等の関係とはいえ，まだまだお世話になっているという弱者の立場と意識している高齢者の方が少なくありません。

　身体拘束は，医療や看護の現場では，援助技術のひとつとして，手術後の患者や知的能力に障害のある患者の治療において，安全を確保する観点からやむを得ないものとして，行われてきていました。

　高齢者ケアの現場でも，その影響を受ける形で，転倒・転落防止などを理由に身体拘束が行われてきました。具体例として，向精神薬の使用・皮膚掻痒感が強く全身掻き傷の為の介護衣（つなぎ服）・車椅子のY字型拘束帯・車椅子の腰ベルト・転落防止のベッド柵・カテーテル抜去防止のミトン型手袋等，その結果，身体拘束がもたらす多くの弊害があります。身体的弊害では，身体機

図表6－3　身体拘束による弊害

人間らしさ（人間としての尊厳と誇り）が失われ，死に至る

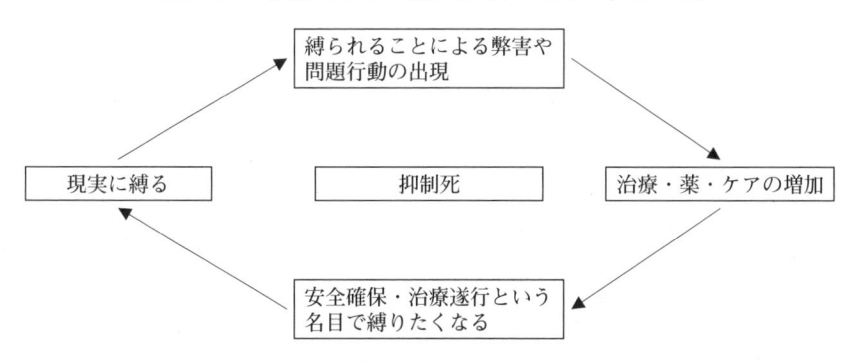

```
        ┌─────────────────┐
        │ 縛られることによる弊害や │
        │ 問題行動の出現        │
        └─────────────────┘
         ↗              ↘
┌──────────┐  ┌────────┐  ┌──────────────┐
│ 現実に縛る │  │ 抑制死  │  │ 治療・薬・ケアの増加 │
└──────────┘  └────────┘  └──────────────┘
         ↖              ↙
        ┌─────────────────┐
        │ 安全確保・治療遂行という │
        │ 名目で縛りたくなる      │
        └─────────────────┘
```

能低下，圧迫部位のじょく創の外的なものから，食欲の低下，心肺機能低下等，内的なものもあります。車いすに拘束している場合では無理な立ち上がりによる転倒事故，拘束具による窒息等の大事故をおこし，身体拘束による「抑制死」の問題を引き起こす危険性があります。精神的には，人間としての尊厳を侵したり（精神的苦痛，不安，怒り，屈辱）等，認知症の進行，家族に対する精神的苦痛（罪悪感），さらに看護・介護スタッフも自らが行うケアに対して誇りをもてなくなってしまう恐れがあります。社会的には，施設に対する社会的な不信，偏見を引き起こし，身体的拘束による高齢者の心肺機能低下は，QOLの低下につながり，医療的処置を生じさせることにもなります。最後に，寝かせきりにしておくことは，廃用性症候群の原因ともなり，モラール（Morale）の低下が悪循環となって，最終的な死に至ります。

　「抑制死」とは，「身体拘束（抑制）されることによって人間らしさが失われ，やがては死に至る」という概念を示すものであり，図表6−2のような悪循環により引き起こされるとされています。

　身体拘束廃止に向けては，1986年12月上川病院で取り組み，1998年10月抑制廃止福岡宣言があり，1999年3月には，介護保険において身体拘束を禁止する厚生省令（2001年6月1日より厚生労働省）が出されました。2000年4月に介護保険法と関係法令において，「介護保険指定基準の身体拘束禁止規定」と「施設サービス計画等の作成マネジメント」が明確化されました。同年6月第11回身体拘束ゼロ作戦推進会議が厚生省で開かれ，都道府県に「身体拘束相談窓口」を設置し，専門家が介護担当者や利用者の相談に応じ助言，指導をすることになりました。また，身体拘束廃止の意見交換の取り組みが始まっています。

■介護保険指定基準の身体拘束禁止規定
　「サービスの提供にあたっては，当該入所者（利用者）又は他の入所者（利

用者）等の生命又は身体を保護するため緊急やむを得ない場合を除き，身体的拘束その他入所者（利用者）の行動を制限する行為を行ってはならない」
（対象）
指定介護老人福祉施設　　介護老人保健施設　　指定介護療養型医療施設
短期入所生活介護　　　　短期入所療養介護　　認知症対応型共同生活介護
特定施設入所者生活介護

　1996年3月に「日本高齢者虐待防止センター」が設置され，週1回の電話相談により身体的虐待，世話の放棄，心理的虐待，性的虐待などの問題の予防や，解決回復の支援を行っています。
　このほか，高齢者虐待にかかわる相談の窓口として，老人虐待予防・支援センター，シルバーハラスメント防止110番，いのちの電話，東京都高齢者緊急相談センターなどがあります。

3．介護事故（転倒等）と損害賠償

　損害賠償は，不法行為もしくは債務不履行などによって，他人に損害を与えた者が，その損害額を賠償することです。財産的損害だけでなく，精神的損害（慰謝料）やもうけそこなった利益も含みます。
　介護保険制度で，福祉施設と利用者（家族）との契約になってから，事故を起こすことは，施設にとって非常にマイナスイメージになります。また，事故による入院費等の損害賠償の問題で裁判になっているケースが多くなりました。
　たとえば，利用者が誤嚥性肺炎になった時には，食事介護の方法が適切であったのか。転倒して骨折した場合には，ふらつきがあったのかどうか，それに対する介護についてはどうであったか。
　特に自立支援と事故を起こさないための安全・安楽の介護のバランスが課題となっています。たとえば，利用者が「歩きたい」という希望を持っていても

転ばれると大変なので安全のために，車椅子をすぐ利用させます。そうすると自力で歩こうとする利用者にとって車椅子利用は，ADL（日常生活動作）の低下につながってしまいます。このように安全のための対策は，利用者本人にとってはマイナスになってしまう場合があります。

現在，要支援認定者には，リハビリをすすめて，予防介護を目指すことになりました。つまり認知症やADL低下をリハビリによって防止し，ホームヘルパーを利用しないことになります。

今後，利用者本位のサービスをするにあたっては，本人の希望（ニーズ）もありますが，自己決定をするまでには，施設の機能や介護能力の情報を与え，それにともなう危険性を明らかにした後に，利用者本人と家族から自己決定を引き出すことが大切だと考えます。なぜなら利用者自らが健康や行動を自己管理し，生き方を自己選択し，主体的に生きることを側面から助けることにもつながるからです。つまり，高齢者や家族は事故になる危険性をも自己決定していかなければなりません。介護者もリスクマネジメントやヒヤリハット等，危険性への対応をも考慮し，できる限り危険性を少なくする必要があるでしょう。

4．成年後見制度の実態

2000年4月から「介護保険法」によって，「個人の選択によるサービス利用」になっています。サービスの利用が「契約」という形で，サービス提供事業所と対等な「権利・義務」の関係に立っています。これにともなって，契約をする利用者の契約締結能力が問われることになりました。介護保険制度の下でサービスを受けるためには，契約能力がしっかりしている方であれば，介護度に関係なく，必ずサービス利用者と事業者の二者間で契約が取り交わされることになり，問題はありません。

しかし，軽度の認知症がある場合，症状の程度によっては，契約をする段階で，第三者（親族・弁護士・司法書士・社会福祉士・市町村長等）を代理人に選び，その第三者が利用者本人に代わって契約を結ぶことを「任意代理」方式

といいます。

　任意代理人を選んで，契約することから，痴呆高齢者自身の判断能力つまり契約締結能力が必要になります。第三者が契約を結ぶわけですから，民法でいう委任契約になります。

　しかし，認知症がすすんで本人の判断能力がまったくない又は不十分である方に対して「成年後見制度」があります。認知症高齢者，知的障害者，精神障害者などを保護するための制度です。

　申し立ては，原則として，本人が住んでいるところの家庭裁判所で行います。申し立てができるのは，本人，又は本人の家族です。家庭裁判所は，実際に判断能力が十分でないかどうかを調査し，精神科の医師の診断や申請書等から審問し，必要に応じ家事裁判官（裁判官）が直接事情を尋ねます。また，家庭調査官が事情を尋ねたり，問い合わせをします。時には，本人の判断能力について鑑定が行われることもあります。そのために6ヵ月位の時間がかかることにもなります。広島の家庭裁判所で平成15年1月から6月までの66件のうち，鑑定が行われた期間は2ヵ月以内が26件，3ヵ月以内が14件，6ヵ月を超過している事例が19件あり，28％が長期化しています。また，同じく，成年後見人と本人の関係をみると子が25件，兄弟姉妹が11件，配偶者が9件，その他の親族が5件，弁護士が5件，司法書士が7件で，2名の成年後見人が選任

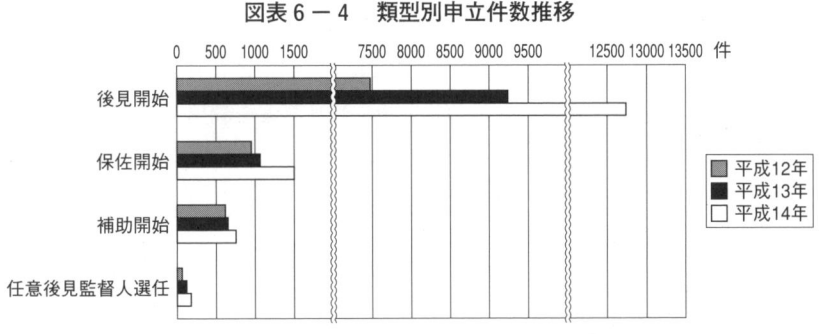

図表6－4　類型別申立件数推移

出典）小加野晶一「成年後見法における補助・補佐」の位置づけ」『成年後見』民事法研究会，2003年，7ページ

された事例が3件です。早急に施設入所を考えている場合には決定の長期化は，大変困ることになります。

そして，年金生活者や財産のない家族にとっては，福祉サービスを受けたいだけの人にとって高額の負担となる場合もあります。

本人の判断能力によって判断能力があまりない人（不十分）だと「補助」・援助者を補助人とし，判断能力が著しく低下した人（特に不十分）だと「保佐」・援助者を保佐人とし，全く判断能力がない人（全くない人）「後見」・援助者は後見人となります。第三者は弁護士・司法書士，社会福祉士などが選ばれて，後見人となります。その際，高齢者の利益に反することは許されません。

平成12年から，平成14年の申立件数をみると（図表6－4），保佐，補助が少なく，後見が毎年伸びていることから，制度への期待がうかがわれます。

しかも，制度の推進主体は弁護士会，司法書士会，社会福祉士会が行っていますが，地域システムとして発展する必要があります。

ところで，成年後見制度の課題は，

① 施設入所者は，意思決定がなくても，近親者等が，第三者として契約締結をしています。つまり，配偶者や子どもがいない場合でも日本では4親等の親族に扶養の義務があります。そこで，入所契約書のなかに，「○○さんの判断能力がなくなった場合は，△△さんを契約の当事者または，代理人にする。」といった形で，契約の承諾を取っておく必要があります。

② 独り暮らしの高齢者の意思能力は日々変化し老化とともに判断能力を失うか低下することで，成年後見制度の申立てができない場合は，市町村または社会福祉協議会が，地域福祉と権利擁護事業を利用している高齢者に対する対策も活動として考えておくことが必要です。

　　たとえばフランスでは，すでに民法498条により，国による後見制度が確立されています。形式的には，国が後見人を補償しながら，実施面では県の福祉構成機関が後見団体に関係させ，このなかから，国家後見事務を実際に行う後見人を選任します。そして，国から支給された経費が県を通

して後見人に配分されることになっています。「フランスは約5500万人の人口を擁するが，このうち約50万人が成年後見制度の保護を受けている。国家はこの制度に大変な費用を負担している。フランスの成年後見制度は，日常医，精神化専門医，小審裁判所，本人等が連携し，大変良い制度となっている。」

③ 成年後見制度は，財産管理を目的として発足していることから，生活支援や，手術の同意権は与えられていません。

④ 「個人の選択によるサービス利用」の福祉サービスをよく知り，社会福祉援助技術を知る，社会福祉士の活躍が期待されるところですが，全国には高齢者の成年後見権利擁護に関わる個人事務所をもっているソーシャルワーカーは非常に少ないのです。今後は，その仕事内容の宣伝を工夫し，地域に知ってもらうための努力が必要だと思われます。

⑤ これから成年後見制度は，フランスと同様国家後見制度を考えていく必要があると思われます。なぜなら，日本は2020年には超高齢社会を迎えることになっているからです。

5．地域福祉権利擁護事業

全国47の都道府県社会福祉協議会，375の市区町村社会福祉協議会及び福祉公社，当事者のNPO団体などが福祉権利擁護の事業を実施しています。

全国社会福祉協議会地域福祉部発表によると，平成11年10月の開始時から平成13年3月までの1年半で延べ5万5,370件の相談活動及び2万2,433人の契約及び準備によるサービスを全国に提供しました。

契約締結した，2,055件の対象者の割合は，認知症高齢者67％，知的障害者16％，精神障害者12％の比率になっています。

高齢者は，年金の受け取り確認や生活費の払い戻しができない。通帳の保管場所が分らなくなる，訪問販売で不必要な高額商品の購入契約をするなど，日常生活でさまざまのトラブルに巻き込まれるといった問題があります。

判断能力の十分でない人を対象とするときは，専門員が「契約締結判定ガイドライン」を用いて，契約能力を確かめます。さらに不安がある場合は，契約締結審査会で審査することになります。各都道府県の審査会は，月1回程度開催されています。

審査された事例は，地方の高齢者に関するものが多く，① 独り暮らしで身寄りがいない。又，本人自身の意思能力も著しく低下している，② 不動産売買の問題，③ 浪費からくる財産保護，④ 財産相続，等である。契約不可能と判断されると，成年後見制度につなげる必要性を助言しています。

福祉制度として社会福祉法に規定されている権利擁護が適正に運営されていくためにはサービスの内容を的確に明示しながら役割を果たすことが大切です。

今後は，利用者の援助内容の充実機能・職務と倫理を意識して，専門員，生活支援員は利用者の立場に立ち，社会福祉援助技術の対人援助，相談援助技術，職業倫理を高めていくことが権利擁護につながっていくと思われます。

6. 権利擁護と社会福祉援助技術（ソーシャルワーク）

ソーシャルワークの個別援助技術（ケースワーク・case work）は，生活問題を抱えている高齢者（クライエント・client）の問題解決や緩和を図る援助者（ソーシャルワーカー：社会福祉士，ケースワーカー：社会福祉主事，ケアワーカー：介護福祉士，その他の福祉サービスにかかわる人びと）とパーソナルケアの人間関係になります。悲しいことですが，和歌山県で介護支援専門員が利用者を殺害し預金通帳を奪ったことがありました。有資格者のこのような事件は許されるものではありません。

福祉サービスは，社会福祉士法第3条（福祉サービスの基本理念）で，① 個人の尊厳の保持を旨とし，その内容は，② 福祉サービスの利用者が心身ともに健やかに育成され，又は，③ その有する能力に応じ自立した日常生活を営むことが出来るように支援するものとして，④ 良質かつ適切なものでなけ

ればならない，と法律で保障されることになりました。

　そのために，利用者の個別性（身体的側面，精神的側面，社会的側面，経済的側面，文化的側面，能力社会資源，価値観等）を重視して，良質かつ適切な援助を展開していく必要があります。つまり，専門的な対人援助の技術を提供することになります。また，援助者が専門職として守るべき基本的判断基準として，個人の尊重の原理・個別化の原理・主体性尊重の原理・変化可能性の尊重の原理・バイスティックの7原則があげられますが，多くのサービスの提供によって自己決定権を高齢者本人が選択によって決定できる「権利」につなげることが大切です。

　高齢者の人権（尊厳性）を年齢，性別，障害の程度にかかわらず，地域社会で市民として公平に保障していくことは，権利擁護の課題となっているのも事実です。

　福祉サービス理念は，「権利としてサービスを積極的に利用することができ，選択肢の中から自己決定をしていく人」としての認識が介護保険法の実施で考えられるようになりました。

　今では，ソーシャルワークを利用する高齢者に対しての，援助者の役割（機能）も拡大し，多様化しています。つまり，高齢者のかかえている個別化への対応であり，自らの意志の力で，自己決定してゆく能力を高めることが重要になってきています。そのためには，① 利用者の心理的側面の問題に対する治療的機能（therapist）。② 利用者の可能性に対して主体的に立ち向かえるための側面的援助（enabler）。③ 虐待，緊急及び強制的に介入する保護的機能（protecter）。④ 利用者の生活環境を適切な方向へと調整していく機能（network）。⑤ 利用者が必要としているサービスや問題解決に必要な社会資源と結びつける媒介の機能（broker）。⑥ 利用者の権利や弱者としていえない立場にある人を代弁していく機能（advocator）。⑦ 利用者と家族，利用者と事業者，第三者間での意見の食い違いや対立があった時，調停に入って解決する機能（mediator）。⑧ 問題があるにもかかわらず，自分から出向いて来ない人

へ積極的に出向いて働きかける機能（out-reach worker）。⑨ 利用者のために，ありとあらゆる社会資源を動員する機能（mobilizer）。⑩ 利用者の問題や課題を達成するために，利用者を積極的にワークに参加させる協働者としての機能（collaborator）。⑪ 利用者に必要な情報や社会的技能（ソーシャルスキル）を学習する機能を提供し，利用者の社会機能を高め，環境適応能力を高める教育的機能（educator）。その他に管理的機能・開発機能等の拡大や多様化で，高齢者の自己実現にむけた自己決定権の保障をしていくことが権利擁護としてのソーシャルワークの機能に求められています。ところで，社会福祉士（social worker・ソーシャルワーカー）への期待が大きくなっていますが，人権擁護者として地域で活動している個人の社会福祉士が非常に少ないのが残念です。

7. 展　望

「権利」とは，その人がその人らしく生きていくために欠かせないものです。しかも，個別化（年齢，性別，身体的，社会的，精神的，文化的，価値観，経済的，その他）のなかで，一人ひとりが満足し，自己実現していく為の社会について，次のことが必要であると考えられます。

① 個人の意志決定できる環境作り，社会資源の整備（ハード面，ソフト面）
② 情報提供のためのネットワーク（IT）
③ 一人ひとりが障害や年齢に関係なく，一市民として，地域社会で暮らしていけるための社会のあり方を変えていく意識作り
④ 社会制度の整備（成年後見制度の国の介入と方法，権利擁護センター・公私のシステムとネットワーク，相談システム，その他）の必要性
⑤ 人権擁護の人材育成（専門職の倫理観，研究，再教育システム，スーパーバイザー）
⑥ コミュニティの発展（地域オンブズマンの育成，地域福祉権利擁護事業，その他）

⑦　教育（人権教育を学校教育，生涯教育の中に取り入れる）

　一人ひとりの人権に答えるためには，今後も多様化が進んでいく必要があると考えられます。しかし，その考えとなる基本理念の原理原則である，人間の尊厳，個別化，自立支援，QOL，幸福を追求できる社会作りこそ，真の権利擁護の目指していく方向であると考えます。

参考文献
・権利擁護研究会編集『ソーシャルワークと権利擁護』中央法規出版，2001年
・高山直樹編著『権利擁護』（福祉キーボードシリーズ）中央法規出版，2002年
・『月刊福祉』全国社会福祉協議会，2001年7月
・『実践・成年後見』No.7，民事法研究会
・『現代社会福祉辞典』有斐閣，2003年
・『身体拘束ゼロへの手引き』厚生労働省，2001年

第7章　ケアマネジメントの視点

1．ケアマネジメントの動向

　現在，日本における高齢者ケアマネジメントは，介護保険制度を通して社会に広く普及するようになりました。介護保険制度下，ケアマネジメントの機能は，利用者のニーズに即した各種の介護サービスを効果的に提供するにあたって，非常に欠かせないものとなっています。そして，このケアマネジメントの必要性が問われだしたのは，介護保険施行前のことです。1994年，高齢者介護・自立支援システム研究会は，「新たな高齢者介護システムの構築を目指して」の報告書において，利用者本位による各種のサービス提供を統括的に行う必要性を示しました。それは，「高齢者の生活を支えるという観点からは，個々の症状だけでなく，心身の状態や日常生活の全体像を踏まえたニーズの把握，すなわち『全人的な評価』が必要である。」というものでした。また「その結果必要とされる介護サービスは，保険，医療，福祉などといった従来の行政の枠組みにとらわれることなく，相互に連携して総合的に提供されなければならない。このためには，各サービスを『一つのパッケージ』（サービス・パッケージ）として提供していくことが求められる。この基本的な考え方は，それぞれのサービス関係者が一つの『ケアチーム』となって，必要なサービスを組み合わせ，それを継続的に提供していくということである。」（厚生省高齢者介護対策本部事務局監修「新たな高齢者介護システムの確立について―老人保健福祉審議会中間報告」ぎょうせい，1995年）と述べられています。そして，この報告書において示された高齢者の「全人的な評価」に基づくケアチームによるサービス提供は，現在の介護保険制度の施行に至って，ケアプランの作成を行うケアマネジメントとして事実上制度化されました。

　ケアマネジメントによって作成されるケアプランは，各種の介護サービスが

ニーズに応じて適切に利用者へ提供されるために必要不可欠なものです。介護保険制度は，2000年から始まったものですが，2003年には介護保険制度開始後に初めての制度改正があり，介護報酬単価が見直されました。これによって，ケアプラン作成にかかわるケアマネジメントがより利用者中心の介護サービスを提供するようになりました。ケアプランの管理を通してケアマネジメントの意義は，利用者の「全人的な評価」というものがあらためて問われるようになりました。つまり，利用者の理解のみならず利用者の望ましい生活とは何かを十分に見据えて，数ある福祉資源を有効に使い適切な援助を講じることが，今日のケアマネジメントの果たす役割なのです。介護保険制度において，ケアマネジメントを行うケアマネジャー（介護支援専門員）は，利用者がニーズに応じたサービス供給を受けられるように，市区町村といった自治体から居宅介護サービス事業者，介護施設等に至るまで連絡調整等を必要に応じて行い，ケアプランによる効果的なサービス提供を行わなければなりません。介護保険制度が施行されてから，介護サービスは利用者により身近なものとなりましたが，同時にケアマネジメント業務への期待や要望が高まり十分に応じきれていない実情があります。その原因のひとつには，ケアマネージャーの行う介護保険制度上のケアマネジメント業務が多岐にわたっていることが挙げられます。在宅介護において，居宅サービスを考えれば，訪問介護，訪問看護，訪問入浴といった主要なサービスの他にも，訪問リハビリテーションや福祉用具貸与，主治医による居宅療養管理指導といったサービスが介護保険制度によって利用できるために，その管理をするケアマネジャーの果たす役割は実に幅広いものになっています。施設介護においても，利用者の施設内での生活のあり方が「全人的な評価」を通して，より望ましい生活を営めるように施設ケアを考えなければなりません。また，高齢者ケアは，現在，ユニットケアやグループホームといった新しいケアの展開が始まっており，そうした高齢者ケアの変化にともなって，ケアマネジメントも新しい視点が必要となってきました。本章は，ケアマネジメントの近年の動向として，今日のケアマネジメントに必要な視点や方

法論を概説していきます。

2．医学モデルから生活モデルへの転換

　ケアマネジメントによって利用者本位のサービス提供を行うためには，利用者の課題となる生活状況をよく把握する必要があります。今日では，利用者の生活状況を把握するにあたって，ニーズを診断的な視点からとらえる医学モデルから，精神心理面や社会環境まで含めたニーズの把握を利用者との対等な立場から行う生活モデルへと，その在り方が移り変わっています。とりわけ高齢者だからといって，治療的ケアが最善の方法であるとは限りません。人生をいかに豊かに過ごすべきかという人間の本来の命題に取り組むことにこそ，高齢者福祉が果たす意義があり，ケアマネジメントが必要とされるところなのです。それゆえに生活モデルによるケアマネジメントは，利用者の身体機能的状況，精神心理的状況，社会環境的状況をとらえるということで，身体機能の維持・向上を図りつつ，利用者の個人の変化とともに，社会環境との関わりも重視し，ひいては社会的な存在の個人としての在り方の変化に働きかけを行っていけるのです。たとえば，精神心理的状況の把握として，利用者その人の持つ嗜好や興味をとらえるだけでも，利用者が主体的に自らの生活を充実させていく糸口になります。また，そういった嗜好や興味といった精神心理的ニーズは，社会的役割や仲間の獲得といった社会環境的ニーズに結びつくように相関的に影響しあってこそ，生活全体の質は高まるのです。このように，ケアマネジメントを行う上で，生活モデルの観点から利用者ニーズを探ることは，利用者の人としての在り方を尊重し人生に意味を与えることでもあるのです。

　では，生活モデルから利用者のニーズを考えるにあたって，具体的にどのような点に考察の目を向ければ良いのでしょうか。WHOの国際機能分類ICFを紹介しながら，利用者のニーズを探っていくことにしましょう。

3. ICFの視点からみた生活のニーズ

　2001年にWHOの国際機能分類がICF（International Classification of Functioning, Disability and Health）として見直されました。それまでは，1980年に制定されたWHO国際障害分類ICIDH（International Classification of Impairments, Disabilities and Handicaps）は，リハビリテーションなどで広く用いられてきました。このICIDHは，機能障害（impairment）→能力障害（disability）→社会的不利（handicap）という3つのレベルからなるものでしたが，説明しきれないさまざまな問題点が現れるようになりました。例えば，そのひとつとして，HIV陽性者の問題があります。彼らにHIVによる免疫機能障害があるとしても，それによる能力障害が起こらずにいるにもかかわらず，HIV陽性者という偏見で雇用などの面で社会的不利に陥られる現実が起こっているのです。こういったことから，ICIDHの改良が行われ，新しい国際機能分類としてICFが，世界的な実用試験（field trial）を経て出来上がりました。

　ICFでは，健康状態をとらえるために，障害を含めた健康に関わる健康状態に関連したものを要因として，関係付けられています。つまり，ICFはあらゆる健康状態を対象範囲とする普遍的なものなのです。ICIDHでみていたのは，障害というマイナスの評価，つまり問題点の評価が中心でありましたが，ICFでは，障害のみならず，健康に関するプラスの部分の評価もみようというものです。この健康とは，身体と心理的な健康であり，健康には「心身機能と構造」（Body Functions and Structures），「活動」（Activity）と「参加」（Participation）の3つの要因が影響していると考えています。さらには，健康状態は，対象となる人の年齢やこれまでの人生経験や性格といった個人因子（Personal Factors）と身の回りの環境や援助者の有無，経済状況といった環境因子（Environmental Factors）によって作られており，利用者の生活ニーズは，まさにこの要因とその関係のなかに見出されるのです。たとえ障害をもっていても，環境因子として周囲の人びとからのサポートがあれば，利用者のモチベー

ションに見合うだけの「参加」が実現することになるのです。健康とは、そうした因子の関係性が健全に働くことを意味しています。そして、ケアマネジメントを行うには、日々の生活のなかで利用者の健康状況と健康関連状況を把握し、ニーズ充足に作用する因子を割り出していく必要があるのです。

それでは、次項においてニーズを見出すことを考えながら、ケアマネジメントの視点をより具体的にしていきましょう。

4. ストレングスの視点 (Strength Perspective)

前項では、ICFを参考にしながら要因の関係のなかから生活ニーズを見出す必要性を述べましたが、ケアマネジメントを行うにあたって、問題点ばかりを探す視点であってはなりません。あわせて、持ち合わせている利用者の強みや能力に目を向けることが必要なのです。それは、利用者の残存機能や潜在能力、これまでに獲得された人生経験、そして願いといった成長や変化が期待できる部分を見つけ出し、その部分から援助の方策を講じる見通しを多角的にもつことであります。また、利用者を取り巻く社会資源群にも目を向けて、それらに対しても利用者にとって望ましい生活の方向性に向かう働きかけを起こすこと

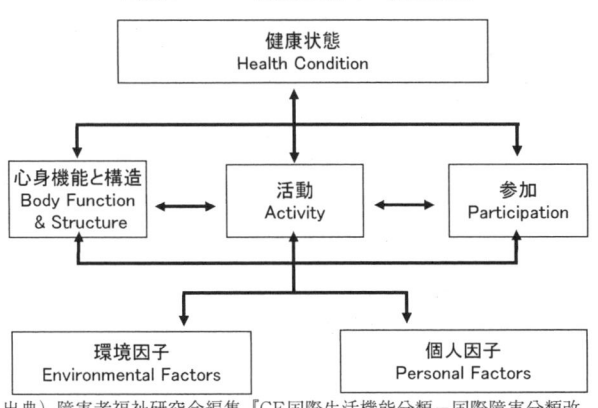

図表7-1 構成要素間の相互作用

出典）障害者福祉研究会編集『ICF国際生活機能分類-国際障害分類改訂版』中央法規出版、2002年

も必要となります。それは，利用者にとって望ましい環境の設定でもあり，ストレングスの視点は，ただ局所に留めるようなことではなく，利用者とその環境を含めた総体的な視野をもつものです。いかに利用者が取り巻かれた環境に主体的に関係をもとうとするか，また，そうした環境との関係性の中からいわば相互的に影響し合い変化を双方にもたらすかが大切になってくるのです。

　さて，ストレングスの視点に立ってケアマネジメントを行うにあたっては，利用者のストレングスとなる部分を見出すアセスメントが必要となってきます。アセスメントによって，利用者を取り巻く社会資源の活用とともに，利用者のストレングスを評価することが必要です。ケアプランの作成に必要な目標の設定に関しても，利用者の持ち合わせている能力に着目し，掲げた目標に対し利用者が社会的な存在として自己価値を見出し，自己の可能性を自ら引き出していく状態に高めることが望ましいのです。自己価値を見出すケアプラン作りとしては，課題や目標設定を利用者と共に考えていく過程も重要ですから，利用者との信頼関係を築いておかなければなりません。しかしながら，実は，こうした利用者のストレングスへの援助というものが，高齢者介護施設などの現場で取り組めていない現状があります。ケアプランの立案にあたって，介護上の問題や残存機能の維持が優先されてしまっていたり，職員の多忙さや職員の配置の限界といった介護業務の運営上の難しさから，なかなかストレングスの視点に立った介護に取り組めない事情があります。とはいえ，利用者の生活を高めることがむずかしいとしても，ストレングスの視点を常にもって日々の介護に取り組むことが，利用者のストレングスの機会をささやかにも掴むことになり，また利用者の変化にも気づくことになるのです。

5．エンパワメント（Empowerment）

　エンパワメントは，ソーシャルワークの実践において目指すべきあり方として評価されている概念であり，ケアマネジメントを行うにあたっても重要な援助観です。そもそも，エンパワメントは，バーバラ・ソロモン（Barbara

Solomon) が1976年に著した『黒人のエンパワメント―抑圧された地域でのソーシャルワーク（Black empowerment：Social Work in Oppressed Communities)』によって，抑圧を不利な状態にあったり抑圧された集団に対して用いられた援助観です。そうしたエンパワメントの対象者となるパワーレスの人たちが負っている否定的評価を自ら跳ね除け，社会的役割をもてるようにすることが目的となります。そのとき，援助者はパワーレスの対象者に対し，パワーを提供するというものではなく，対等な立場に立ち，共に対象者の人生に意味を見出すプロセスを展開していくことになります。ですから，エンパワメントの援助観をもって行われるケアマネジメントは，利用者が自らの生活に対し主体的になっていくように触発的に働きかけることであるということです。そして，利用者が自己決定を主体的に展開することを目指すものでなければなりません。とはいえ，介護の現場においてエンパワメントの観点からの援助を展開することは，実は困難なものがあります。介護者と利用者の援助を受ける側と援助を提供する側という明確な構図が事実上成り立っている現在の介護の現場において，エンパワメントの視点を導入するということは，これまでの援助の構図を根本的にかえることでもあります。施設介護において考えてみると，完全介護という援助を受けているということは，確かに日常生活での安全が保たれた状態ではありますが，実のところそうした援助を受け続けていくうちに自己決定の機会すらなくなっていく危険性もはらんでいます。また，加齢による衰えや障害をもったことによっての自己非難から自らの生活を介護者に委ねきってしまっているケースもあります。たとえば，認知症高齢者が，認知症状に対する周囲の指摘や注意を叱責として受け，行動の意欲を減退させることがあります。意欲を失ってしまっては，生活は何も創造されません。そして，それは人生すべてを介護者に依存してしまい，本来もっている人間としての尊厳や自己管理の能力すら失っていきかねません。エンパワメントの視点とは，喪失感や羞恥心，恐れといった利用者のもつ孤独な内面を受容しつつ，援助者と利用者の関係の中に信頼と共感し合うものをみつけることであり，その関係性のなかから

生まれてくる安心や意欲によって，その本来もっている人間としての尊厳や自己管理の能力を再獲得し，維持することがエンパワメントの目指すべきものであります。

6．質を深めるケアプラン作成とは

　これまで，ケアマネジメントを行うにあたっての視点や方法論を概説してきましたが，それらをケアプラン作成に反映させてみることとします。生活モデルやストレングスの視点から，利用者ニーズを見出し，援助のポイントを見つけていくのです。ケアプランは，施設介護と居宅介護の2種類に分けて考えなければなりませんが，ケアプランの過程は，①アセスメント，②ケアプランの作成，③ケアプランの実施，④モニタリングというPlan-Do-Seeのかたちを両方ともとっています。ケアプランとは，介護を必要とする利用者に対して，必要な介護サービスを適切に提供できるように，どのようなサービスが望ましいかを検討して，その内容を定めていくものです。つまり，利用者の抱えている生活上の不自由さに対して，利用者の心身の状態やADLに適したサービスを決めるということです。しかし，それが単純に生活や介護上の問題点の，いわば利用者のマイナス部分のみを取り上げ，それらを支援するケアプランであってはなりません。現在，介護施設のあり方が変化しつつあるなかで，ケアプランの質もまた，ともに変化してきており，利用者のマイナスの部分のみならず，本来もっている能力や意欲というプラスの部分に対しても，より発展的な援助を考えるようになってきています。そうした発展的な援助を行うにあたって，アセスメントの意味は大きく，多角的に利用者ニーズをとらえる必要があります。そこで，利用者ニーズを把握するにあたって，生活モデルのアセスメントを考えなくてはなりません。つまり，利用者の身体機能的状況，精神心理的状況，社会環境的状況をとらえ，それらの関連性を見抜くのです。たとえば，ある在宅から施設に入居間もない軽度認知症の利用者における入浴に関しての課題及びニーズをみるとします。身体機能上では入浴に関わるADLがほぼ

自立した状況ですが，精神心理の状況からとらえると入浴を拒否しているという状況があるとします。では，社会環境的状況はどうかとアセスメントを行ってみると，実は在宅時とは違って馴染みのない施設の大浴場で職員が着脱や洗身介助を行うために拒否がみられるのだとわかりました。ここで，課題のポイントとして目を向けるのは，社会環境面である浴室と浴室内での職員による接遇の部分ではありますが，そこを糸口としてもう一度利用者の精神心理面でのニーズを振り返ってみると，在宅時と同様の環境で入浴を楽しみたいということがわかりました。それは単純に一人で入浴したいということではなく，洗身も浴槽に浸かるのも干渉されずのんびりとしたいという具体的なニーズが現れます。このように，アセスメントを行うなかでも，身体機能的状況，精神心理的状況，社会環境的状況の関連性を考え，過去のアセスメントを振り返る必要があります。これによって，利用者の主体的な入浴への参加を意図した「見守りや準備などはするが，時間的に急かす干渉はしない」という入浴介助における内容が定まってきます。また，これを入浴における援助内容として考えをとどめず，生活全体の援助方針の参考にもしていかなくてはなりません。そして，常に，利用者が存在し，利用者を取り巻く環境や人間関係や，思想などに至るまで，環境因子（environmental factors）としてとらえてみると，介護者自身が利用者に環境因子として影響を与えているというように，入浴に参加する阻害要因が環境因子たる介護者にあると，ICFの相関図が描かれることになります。このように，アセスメントを行うにあたっては，やはり介護者が与える影響もとらえる必要が生じてくるのです。生活モデルのニーズをとらえるアセスメントを行うということは，つまりICFの相関図が利用者を対象として書き表されることになるといってよいでしょう。また，こうして利用者ニーズを探るということは，つまり利用者のもつ可能性を見極めるということでもあります。利用者が自らの生活に関心を抱き主体的に生活できるように，ストレングスの視点から利用者に内在する可能性を見出すことは重要です。入浴ひとつをとっても，利用者が何を望んでいるのかを，嗜好や願望，これまでの習慣から探り，

ニーズとしてとらえることが望ましいのです。また，利用者が主体的に生活できるような援助内容をケアプランに定めなくてはなりません。

しかし，ケアプランの大事なことは，ケアプランを実際に実施してみて，はたしてケアの内容が効果的なものであったか，ニーズがどれだけ満たされたかを検討し，次のケアプランに生かされなければならないことです。つまりは，ニーズの把握が適切さや利用者の生活の質が向上したかを評価し，必要に応じて実施したケアプランをリフォームしなければなりません。そして，ケアプランは，ケアマネジメントを行うにあたって，利用者のニーズに合わせて適切なサービスをコーディネートする上での指針であるというだけではなく，専門的な見地からコーディネートされたケアの全体像が，専門家ではない利用者とその家族からも，ケア実施の合意を得る上で容易に理解されるものでなければなりません。

7．高齢者介護施設のケアの動向

近年における高齢者介護の発展のなかで，ケアの多様化が進んでいます。つまり，それは利用者が望ましい生活を送られるようにさまざまなケアの方法が必要になったということです。また，高齢者施設は入居する利用者の生活の多様性に対応して，全居室個室・ユニットケア化の小規模生活単位型介護の整備を積極的に進めるようになってきました。これは，入居者の尊厳やプライバシーをより尊重するため，居住空間が抜本的に見直され，利用者が在宅に近い住環境で生活できるようにしたものです。全居室個室・ユニットケア化によって，個人のその人らしい生活の場が提供されるようになりました。しかしながら，こうした個室化された施設における個室化で大事なことは，プライバシーの保護が強固なものになったとはいえ，それが同時にプライベートな空間作りがなされるということではありません。個室という環境を生かし，その人らしい部屋の使い方を想像していかなくてはなりません。こうした施設内でのケアマネジメントを行うにあたっては，利用者のプライベートスペースとしての個室の

在り方を基本にとらえ，そこから展開される生活の広がりを考えていかなければなりません。居室の個室化は，このプライベートの空間づくりによって，利用者の寝室から趣味の場や応接の場として個室のもつ意味が拡張されていかなくてはなりません。そこには，利用者の生活の創造があるのです。また，ハードとしての施設作りがなされても，施設内での活動といったソフト面としてのケアの充実が十分に図られず，活動や交流の場として用意された施設内のパブリックスペースが有効に使われないという現実もあります。これでは，施設内の生活動線が個室とトイレの往復にとどまってしまうことになりかねません。こうした問題に対処すべく，現在，施設が個室化・ユニットケア化するなかで，ケアマネジメントの意味が問い直されてきているのです。

　また，利用者が望ましい生活を送られるようにと行われるケアのひとつに，グループホームケア（認知症対応型共同生活介護）があります。介護が必要な認知症の高齢者5～9人程度が，スタッフと家庭的な雰囲気のなかで共同生活を行うことにより，残存能力を引き出し，痴呆の進行を緩和させようとするものです。このグループホームの存在は非常に大きなものとなっています。グループホームでの実践事例報告が，痴呆ケアの可能性を広げる上で注目を集めています。グループホームケアでは，グループホームに入居した利用者のこれまでの馴染み深い在宅生活を極力再構築しようという取り組みが行われています。また，少人数内でのケアということで，馴染みの仲間づくりが行われ，そうした仲間作りのなかで，なじみの場所が生まれ，落ち着いた暮らしができるようになるのです。それにより安心感が生まれ，精神の状態が安定し不安の訴えやそれから起こる行動障害の減少が見込まれます。そして，炊事や掃除などの家事や趣味活動を日常的に行うことで，主体的な生活意欲や日常生活の機能維持が図られるのです。グループホームケアのケアマネジメントでは，単なる小規模ケアではなく，いかに利用者が主体的に生活者としての活動意欲を維持できるかという課題があります。そのケアのあり方は，まさにエンパワメントであり，利用者の残存する可能性を最大限に引き出そうとする挑戦でもあります。

高齢者介護施設が変化を遂げているなかで，ケアマネジメントは，高齢期に生きる利用者の人生に意味を求めようとしています。また，施設が地域に開かれ，これまでより多くの社会資源が利用者に結びつけられつつあります。ケアマネジメントというもののあり方は，今まさに拡張し新しい意味をもとうとしているところなのです。

参考文献
　老人保健福祉審議会「新たな高齢者介護システムの確立について―老人保健福祉審議会中間報告」ぎょうせい，1995年
　障害者福祉研究会編『ICF国際生活機能分類―国際障害分類改定版』中央法規出版，2002年
　狭間香代子『社会福祉の援助観―ストレングス視点/社会構成主義/エンパワメント』筒井書房，2001年
　久保美紀「ソーシャルワークにおけるEmpowerment概念の検討」『ソーシャルワーク研究』Vol.21，No.2，『相川書房』1995年
　渡辺洋一「エンパワーメントを志向したソーシャルワークに関する一考察」『ソーシャルワーク研究』Vol.21，No.2，相川書房，1995年

第8章　高齢者施設職員と認知症高齢者の関わり

1．国の認知症高齢者介護の取り組みと施設介護への影響

　高齢者介護施設が，いわゆる寝たきりの高齢者の生活の場から，認知症の高齢者の生活の場へと大きくかわってきています。特別養護老人ホーム（介護老人福祉施設）では9割以上，老人保健施設でも9割近くが認知症の高齢者が入所しているといわれます。このことは，もはや認知症介護を抜きにしては，施設介護は成り立たないことを現状は物語っています。

　認知症の高齢者への関わりが注目され，国の施策として本格的に研修が行われるようになったのは，1984年の「痴呆性老人処遇技術研修」からです。この研修は都道府県・政令指定都市ごとに，特別養護老人ホームの職員を対象に行われ，専門的な講義に加え，施設実習による実践研修と事例研究を主な内容とし，研修期間は1ヵ月という長期にわたるものでした。このことから，この当時すでに認知症介護が国の重要な問題であったことがわかります。この研修は，介護保険制度が実施されるまで続くことになります。

　2000年4月の介護保険制度の施行とともに，これまで特別養護老人ホームに限られていた研修を，高齢者の介護に携わるすべての介護保険事業所を対象に行われるようになりました。この研修では，都道府県・政令指定都市単位で行われる認知症介護実務者研修に加え，新たに全国3ヵ所に設置された研修センターによる認知症介護指導者養成研修も行われ，地域における認知症介護のリーダーの育成にも力を入れています。また，研修の内容も講義中心ではなく，演習にも重点がおかれ，認知症介護を単に介護方法や技術にとどまらない，人間介護という視点を大切にしたものとしています。このように，認知症介護の向上をめざして全国的に実施されているこの研修は，高齢社会にあって認知症介護が国民全体の共通のテーマとなっていくなかで，一層重要性を増していく

ことになるでしょう。

　さらに，2003年からは適切な環境は認知症の周辺症状を安定させ，落ち着いた生活をもたらすとの考えから認知症高齢者介護を環境からとらえたユニットケア研修も行われました。2004年からは本格的に身体拘束ゼロにむけた取り組みが行われるなど，認知症高齢者介護は今や国の最重点施策のひとつになっています。こうした認知症高齢者介護へのさまざまな取り組みは確かに飛躍的に認知症の高齢者の見方，とらえ方，さらには支援するための関わり方を一変させました。

2．痴呆症の高齢者の求める介護をめざして

　高齢者の施設が大きくかわろうとしています。とりわけ，認知症の高齢者への関わり方が見直されようとしています。この背景には，施設で生活される認知症の高齢者が増えていくなかで，これまでの業務中心の介護や集団的介護では，個々の高齢者の生活にあった介護が到底できない現実があるからです。

　今日，認知症の高齢者の介護でもっとも大切なことは，認知症の高齢者を人として理解し，その人のための，その人にあった生活を送れるように支援することだといえるでしょう。高齢者施設では，新たな介護への取り組みが始まろうとしています。

1）これまでの反省から

　認知症の高齢者の行動を，「なぜ？」「どうして？」という疑問を解き明かすことなく，この「行動をやめさせなければ！」に，結びつけてきました。さらに高齢者施設では，集団的介護が大きな流れとなっていきました。離床，オムツはずし，レクリエーション……など，施設が方針を定め，それに従って一斉に行われる介護です。そのために開かれる処遇会議では，「いかに離床をさせるか」「どうしたらオムツがはずせるか」「レクリエーションに参加させて生活の活性化を図らなくては」というように，介護する側の視点で話し合われ，介護が行われるようになっていきました。

　そのうちに，良い介護職員と悪い介護職員とを分ける基準というものができ

あがっていきました。オムツ交換がテキパキと早くこなせる職員,作業をすれば何をやってもソツのない職員が優秀な職員という評価につながっていったのです。当然のことながら,施設の介護が身体介護に偏り,作業の手順で取り決められるようになってしまいました。同様に,認知症の高齢者の行動についても,その行動が,その人にとってどんな意味をもっているのかということも理解せず,ただ単に施設側の一方的な考え方によって,抑制が行われるようになってしまいました。その方が危険がなく,その人のためになるといった誤った解釈も,後押しすることになってしまいました。しかも,介護職員にとってもその方が介護の困難さから解放されるため,認知症の高齢者の動きを封じ込めることが,最良の関わり方になっていったのです。もちろんのこと,優秀な介護職員からしてみれば作業が中断されることなく,決められた業務を黙々とこなせるため,認知症の高齢者の行動を抑制することは好都合であったわけです。

　しかし,それでいいわけありません。認知症の高齢者が人として生活するとはどういうことなのでしょうか。介護職員は,今こそその問いに対し,真剣に向き合わなければならないのです。

2）その人中心の介護とは

　施設の方針や目標,あるいは介護職員の作業の都合で行われてきた介護は,当の痴呆症の高齢者が,本当に願っていたものだったといえるでしょうか。利用者中心の介護（Person Centered Care）こそ,今,施設に求められているのではないでしょうか。

　では,それを実行しようとするためには,どのようなことが大切になるでしょうか。それを次の3段階にまとめてみました。① 認知症の高齢者が何を求めているのかを,その人の身になって受け止め,感じ取る。② 認知症の高齢者が何ができるのかを探り,それに対して介護者が何ができるかを判断し,介護をする。③ 介護が認知症の高齢者の生活のためのものなのかを検証し,さらに良い介護をめざし,実施する。

　こうした視点に立った介護者の取り組みが,今後ますます重要になってくる

でしょう。そして，それを実践するためには，ケアプランは非常に有効な手法となります。ケアプランの作成に至る過程は，その人自身を知り，どう関わっていくか，その関わりが本当にその人のためのものなのか，を知る手がかりとなります。さらに，介護の取り組みとその評価をみるうえでも，大きな役割を果たします。このプロセスを簡単に表わすと，次のとおりになります。

・アセスメント……その人を知るための的確な情報を集める。
・カンファレンス……さまざまな職種がさまざまな視点でその人をとらえ，よりよい介護を探る。
・ケアプラン……その人の立場で，介護の内容・方法を決め，介護を行う。
・モニタリング……ケアプランがその人のための生活の視点に立ったものであったのか，ケアプランを検証し，これからの関わりをさらに適切なものへとするための検討を加える。

ケアプランを用いた介護の取り組みは，痴呆症の高齢者に対する無理解のもとでの介護とは違い，痴呆症の高齢者を中心とした介護ができるようになると考えられます。そして，これによってこれまで問題とされてきた行動を抑制することなく，人としての生活が送れるようになると確信しています。

3）その人中心の介護の取り組み

ここでは，取り組みへの事例をあげてみましょう。

Y・Kさん（女性）昭和2年5月12日生まれ（76歳）要介護度4

Y・Kさんは8年前に患った脳梗塞により一時は寝たきりの状態でしたが，その後はわずかですが歩けるまでに回復しました。しかし，身の回りのことは何もできません。お話することさえできません。ところが，とても感情の豊かな方で，嬉しいときは満面の笑みを浮かべ，楽しいとき，悲しいときは大声を出して泣きだしたりします。そしてとても寂しがりさんで，職員を常に傍におきたがり，職員の姿を見ると必ず手招きをします。だから，職員がそばにいると，とても嬉しそうです。ところが，そうばかりとは限りません。一瞬のうちに状況が一変することがあります。そのときは自分の着ているトレーナーの首

元を引っ張っては,「ア〜, ア〜」とせわしく声を出し続け, 何かを訴えます。それに対し, 職員は何を求めているかを探し当てなければなりません。

そこで, 何を求めているかを探し出すために,

➡ ご家族からお話を聞く。(生活歴から, その人をみる)
➡ 関わりを多くもつ中で, 何を思っているのかを感じとり, Y・Kさんその人を知る。(今の生活から, 求めているものを探す)

そこでわかってきたことは, とてもオシャレな方で, 服装には非常なこだわりがあるということでした。そのことから, トレーナーを引っ張るのも, 服について何らかの訴えがあるのだろうというヒントになりました。ある日, 普段の介護では対応しきれない訴えがあったとき, タンスの中にしまわれている服を一緒に確認し合ってみると, 納得されたようで上機嫌になりました。

しかし, それではなかなか納得されず, 対応しきれないときもありました。そこでも服のこだわりを考え, 洗濯場の棚まで一緒に行き, 洗濯物を確認し合い, 大切な物がなくなっていないことをわかってもらいながら, 不信感につながらない関わりを大事にしました。

そのほかにも何かを訴えているときは, どこか痛いところは?, 欲しいものは?, 電話?……ご家族の方のお声が聞きたいのですか?

これまで積み上げてきた関わりをきちんと記録におさめ, それを職員間で話し合い, 情報を共有したうえでケアプランを作成し, チームケアを実践していきながら, さらに関わりを深めていきました。

また, 着るものをタンスの中にしまうだけではなく, 部屋に洋服掛けを置き, 気に入った服がいつでも見えるようにするなど, その人の求める介護を環境からとらえる工夫もしました。

これまで, 何を訴えようとしているのかを理解しようともせず, しかも業務に忙しくひとりにかかわっていられないということが, 問題といわれる行動を引きおこしてしまってきたにもかかわらず, その行動をやめさせようと, 部屋に閉じ込めたりするなどの抑制を行おうとすれば, ますますY・Kさんは訴え

が強くなり，しまいには介護職員の手に負えなくなってしまうでしょう。その結果，施設での生活はダメ！という間違った烙印を押すことなってしまうのです。そうならないためにも，きちんと訴えていることを理解し，ひとりの人間として関わることが何よりも大切になります。そのためにも，高齢者施設では業務をこなす介護であってはなりません。介護の視点を変え，認知症の高齢者自身を中心とした介護を行うことが望まれているのです。

そして，認知症の高齢者の介護を，介護職員だけに押しつけるのではなく，あらゆる職員が痴呆介護に取り組むことが必要になります。さもなければ，介護職員の負担は増え続け，また誤った介護に逆戻りすることになるからです。

3．介護の目・介護職員の目

介護現場は，今大きな変革のなかにあります。

そこで，今日問われている介護現場の課題に対して，介護職員は高齢者を人として理解し，施設をその人の生活の場としての本来のあるべき姿に戻し，介護に取り組むことが求められているのです。そのため，介護職員が身に着けるべき専門性は非常に高度なものとなるでしょう。それだけに，介護職員は日々介護の向上に努めていかなければならないのはいうまでもありません。

このように，高齢者の施設では介護が見直され，新たな取り組みが行われるようになったことによって，認知症高齢者介護が間違いなくかわっていく確かな手ごたえを，実感することができるようになりました。

こうした認知症高齢者介護の前進は，介護を受ける側の向上につながっていくことはいうまでもありません。しかし他方，毎日の介護職員の努力も逃すことはできません。現実の認知症高齢者介護はそう簡単ではないからです。日常の介護のなかで「こうしてみたい」と思うことと，しかし，したくても「できない」ことがあり，実際の介護の場面では混乱に陥ることが間々あります。こうした介護の現場にあって，介護職員は介護の視点と介護職員の視点からみた2つの目をもって，認知症高齢者介護に取り組んでいると考えてもいいのでは

ないでしょうか。そして，もし日常の介護において，その2つの目の間で差異が生じるようなことがあったとき，その修復に戸惑うことがしばしばあるのではないでしょうか。つまり，介護の視点で行おうとしても，介護職員の目からみたら無理となれば，その間で介護職員は戸惑い，介護の方法が見つからなくなる恐れがでてくるためです。要するに，2つの目に違いがはっきり出た場合，介護職員はその矛盾にたじろぎ，さらに軌道修正が行われない状況が続いたとしたならば，介護の方向性をも見失うことになりかねないからです。そうならないためにも，「介護の目」と「介護職員の目」の両方から介護を覗いてみることが重要になってくるものと考えられます。また，そうすることで，もっと深く施設介護の本質をみることができるのかもしれません。期待を込めて，2つの目から介護の現場をみてみましょう。

① 事例1

Y・Yさん（男性）昭和2年生まれ（76歳）要介護度3

　Y・Yさんは体も大きく体力もありますが，ほぼ寝たきりの状態です。介助によって，車いす移乗，ポータブルトイレ使用です。食事は自力で摂られ，体に応じて食欲も旺盛です。日常の介護では，職員が体を接して介護に関わることが多く，それが介護職員のストレスを増大させています。それは，女性への強い執着が大きく影響しているためです。女性介護職員に対する性的行為は，純粋に介護を行おうという職員にとっては，精神的にイヤ！と拒否反応を起こし，時には介護が成立しにくくなることさえあります。しかも，腕と手は自由に使えることから，移乗介助中に体に触ることがしばしばあり，それは不快を感じさせるとともに，危険をともなうことにもなります。

　本人の望むものが性的欲求であるなら，はたして施設でどこまでかなえられるのか。介護職員がどこまで耐えることを強いられるのか。その人の介護を考えていくうえで，その人なりのその人のための介護が，非常にむずかしいものになってきます。「Y・Yさんに良く話し，理解してもらってください」といっても，何を理解してもらうのか。この点も介護職員に理解されるでしょうか。

上手にかわす以外に，ケアプランも有効な手段になっていないのが実情であり，介護の目とは違った，介護職員の目で介護が行われているのが現状です。

② 事例2

S・Iさん（女性）明治44年生まれ（92歳）要介護度5

S・Iさんは92歳にはみえないほどしっかりしており，とても気丈な方です。寝たきりで，食事のときだけ車いすに移乗しますが，乗るのも食堂へ行くのも食べるのもすべて介助です。ところが，口につばをためて介護職員めがけて吐くことが上手で，また時々蹴ることもあり，引っかくこともできます。職員のなかには腕を引っかかれ，みみず腫れになった職員もいます。こうした行為のなかで，一番イヤなのは，つばを吐かれることだといいます。言葉もしっかりしていて，暴言も日常茶飯事です。ケース検討を行うと，施設長の思うほど職員には拒否反応がなかったことは以外でした。「確かに引っかかれる，つばを顔めがけて吐かれるのは困るけれど，介護職員として受け入れなければ，介護をとおした生活支援ができないではないか」というのが，ほぼ一致した意見でした。それこそ介護の目できちんととらえ，介護に対する下向きさが伝わってきます。

しかし，ここにもそれだけでは解決できないことがあります。毎日のように朝食介助にくる娘さん（一人娘（独身）64歳）が，介護の目を狂わせています。若い職員には，「あなた方のやっていることはなっていないわネ！」と，いちいち口出しをします。また，下剤は飲ませないで自然排便ができるようにとか，お尻が赤くなっているので清拭をまめにとか，は職員も気にしていることなので当然受け入れられるにしても，同室のおばあさんうるさくて，どこかに連れていってとか，職員はご飯を食べさせていないとか，来る度に注文や指摘をされることに介護職員もヘトヘトになることさえあります。そうなると介護職員の目からは，「それだけ言うのなら，お母さんのやっていることはなんなの！」と，下向きさのなかから不満が出てきています。

家族との理解を深めるということで，相談員は普段からいろいろ話をし，で

きる限り家族の要望を聞き入れるものの，家族は自分の舌が乾かないうちに介護職員にまた別のことをいいつけます。そうこうしているうちに，職員もあきらめ，表面的介護という心のない介護，あたりさわりのない介護になっている傾向が見られ，介護の目をつぶしているといわざるを得ない状況になっています。

　介護現場では，その人中心の介護を目指しているものの，実際にはそれを阻害する要因がいくつもあります。今後，介護の目が介護職員の目になっていくことができれば，その人の居場所，その人のための生活がさらに可能になっていくものと思われます。介護施設では，これからもずっと難問を乗り越える努力が続けられることになるでしょう。

4．高齢者施設の現状と介護職員に求められるもの

　介護現場は，今大きな変革のなかにあります。

　「その人らしく～」を実現しようとするための「アセスメント・ケアプラン」の導入をはじめ，周辺状況から介護をとらえた「ユニットケア」の登場，さらには「リスクマネジメント」「第三者評価」など，介護現場には聞きのがせない重要な言葉が次から次へと飛び込んできています。そのたびに，介護現場は右往左往し，介護の見直しに追われています。介護保険制度の導入をきっかけに，これまで深く閉ざされていた扉が一気に開け放たれ，外気に触れた今，どうしたらいいのだろうかと手探りのなかで，必死に新たな介護を模索しているというのが，介護現場の率直な姿といえるでしょう。

　こうした状況は，多分にこれまでの反省が込められていることも確かです。しかしこのことは，これまで行ってきた施設での介護を否定するものでは決してありません。むしろ，多くの介護職員が骨身を削って介護に奮闘してきた事実は，何よりも評価されるべきものです。

　にもかかわらず，こうした評価の一方で介護施設では，人が人として生活する場であるというもっとも大切な考え方から遠ざかってしまったことも否めま

せん。それは，介護を作業ととらえてしまい，作業の現場，作業をこなす現場になってしまったことが，その原因のひとつにあると考えられるからです。たとえば，4大介護といわれる食事・入浴・排泄・移動という介護項目が，ケース検討を行う段階になると，いつの間にかそれぞれが独立した介護目標になり，それを実行し評価する段階になっても，目標に対する成果という目でしか見ず，その人のその人のための「生活」の視点から目がそれてしまうといったことが，その大きな要因のように思われます。

このように，高齢者の施設の介護が見直され，新たな取り組みが行われることにより，認知症の高齢者の見方や支援するための関わり方が確実にかわろうとしています。もちろんのこと，介護する職員の意識も，介護保険制度が施行される以前の措置の時代とは，比較にならないほどに飛躍したことも事実です。

こうして痴呆介護が大きく前進していくなかで，それでは，実際に介護する職員の現状はどうなのでしょうか。一般的に認知症高齢者介護はストレスフルだといわれています。一生懸命にやればやるほどストレスを抱え，それが慢性疲労となり，ついには燃え尽きてしまうといった，最悪の結果をもたらすことさえあります。このため，介護する側の職員にも焦点をあてていかなければ，将来，認知症高齢者介護を担う人材が枯渇してしまう深刻な事態にもなりかねません。そうならないためにも，介護する側の職員にも目を向けていくことも大切になってきます。

1）介護職員の心のうちを覗いてみる

認知症高齢者介護に取り組むことの重要性の一方で，介護職員の負担はますます増大しています。「その人らしく」生きることを支援するために，介護職員は一人ひとりの認知症の高齢者をより理解しようと，日々真剣に向き合っています。そして，そのことが認知症高齢者介護を大きく前進させている原動力にもなっています。しかし，その影で介護職員は少しも気の休まることなく頑張りつづけているのです。こうした状況にあって，何も思わないでいる人間が

いるでしょうか。本当のところ，介護職員はいったい何を思い，何に悩んでいるのでしょうか。介護職員の胸のうちを知ることは，今後，認知症の高齢者と関わるうえで，非常に重要なものになってくると考えます。

ここに，2002年11月に，千葉県にある80床の特別養護老人ホームで介護職員を対象に行われたアンケート結果があります。ここから何が見えてきたでしょうか。

このアンケートは，集計者しか直接その内容を知ることができないようにし，さらに内容について，けっして批判的にみないことを条件に，自由に記述式に

図表8−1　アンケートからみえてきた介護

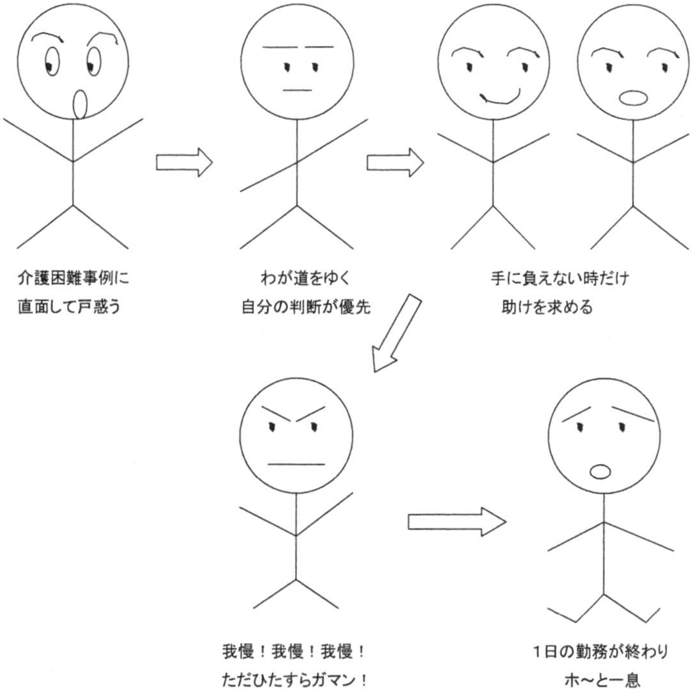

介護困難事例に
直面して戸惑う

わが道をゆく
自分の判断が優先

手に負えない時だけ
助けを求める

我慢！我慢！我慢！
ただひたすらガマン！

1日の勤務が終わり
ホ〜と一息

記入する方法で行われました。アンケート項目は，① 介護現場でどのような行為・行動を介護困難と思いましたか？　② 困難事例に直面した時に思ったことは？　③ その時どのような対応をしましたか？　④ チームケアは行われましたか？，以上の4項目を中心に，平均勤続年数5年5ヵ月（平均介護経験年数6年5カ月），常勤職員32人（女性29人，男性3人）の全員から回答を得ました。その結果，困難事例として7割近くの職員が「暴力」をあげ，4人に1人が「男性の認知症の高齢者からの性的な行為」と「要求が強いが，訴えていることがわからない」をあげています。そして，これらに対応するため，「複数で介護にあたる」「見守る」「時間をおいて再度関わる」をほぼ全員が回答しています。さらに，チームケアは行われましたか？との質問には，4人に3人が行われていないと答え，常にひとりで介護に奮闘し，手にあまったときだけ他の介護職員に応援を頼むといった姿が浮きぼりになりました（図表8−1）。

2）介護職員のストレスを取り除くには

　このアンケート結果をみても，認知症高齢者介護は大変ストレスフルな仕事だということがわかりました。そしてもし，困難事例に直面したときの初期の段階で，事態を十分把握せずに，介護職員だけに問題解決を押し付けようとした場合，さらにアンケートは介護職員の心理状態を次のように浮かび上がらせています。

　　① ［不安］⇒どんな関わりをしたらいいのだろうか？
　　② ［恐れ］⇒もしかしたら嫌なことをされたり，暴力を受けたりしないだろか？
　　③ ［不満］⇒実際に介護をするのは私たち！　責任も私たち！………すべて押し付けないで！！
　　④ ［怒り］⇒他の職種や管理者は私たちの苦労がわかっていない。もう，どうなってもいい！

　このことからもわかるとおり，介護困難な場面に直面して有効な関わり方が見い出せない場合に，介護職員は認知症の高齢者に対してのみストレスを抱え

るのではなく，同僚の介護職員や他の職種の職員，あるいは上司に対してもストレスを抱えることになります。これでは，認知症高齢者介護に対する加重感が解消されないばかりか，さらに大きなストレスを抱え込み，ついには燃え尽きてしまうことになります。

　そうならないためにも，介護職員を孤立化させず，施設全体で支えていく体制をつくり，そしていかに介護職員のストレスを取り除くかが，認知症の高齢者との関わりを考えてくうえで大きな課題となってきます。

　そこで，介護方針・指導体制・教育機会・決定参加といったテーマを具体化することが，実際に介護職員のストレスを緩衝させる効果をもたらすとすれば，すぐに実行に移すことが求められます。そこで，アンケートを実施した先の施設では，問題の解決を図るための新たな組織化に取り組むこととなりました。

　これは，従来の役職者を中心とした「縦割り」の組織とは別に，新たに委員会による横断的・合議的な組織の編成を行い，介護職員の決定参加の機会をふやしたことです。これにより，管理職などによって一方的になりがちだった会議や，他の職種と十分に意見交換できない状況が一変し，全職員が一緒になって話し合える場がもてるようになりました（→職員間の風通しがよくなった）。さらに，介護職員がケースマネージメントに積極的に参加できるようになったため，ケアプランに介護職員の声が反映されるようになりました（→仕事に対する意欲が増した）。などの効果がみられました。研修についても，① 接遇向上，② 介護技術向上，③ ケアプラン作成・評価の３点に絞り，充実させました。

　また，適切な環境は認知症の周辺状況を安定させ，落ち着いた生活をもたらす有効な手段のひとつであり，職員にとっても働きやすくなりストレスの軽減にもつながるため，全職員が力をあわせて環境改善に努めました。

　こうした取り組みは，介護職員の決定参加を実現し，介護職員が抱えるストレスを小さくしていく効果をもたらすとともに，チームケアを実現可能なものにしていくものと考えられます。

最後に，介護職員の心の声を聴くことによってわかったことは，
・介護を介護職員だけの問題にしないこと。
・施設全体で問題意識をもつこと。
・あらゆる職種のすべての職員が意見を出し，協力し合えること。
これらが十分に機能することが，これからの施設に求められているのではないでしょうか。

参考文献
・厚生省大臣官房統計調査部『平成12年介護サービス施設・事業所調査の概況』
・昭和59年7月6日社老第75号「痴呆性老人処遇技術研修事業の実施について」厚生省社会局長通知
・平成12年9月5日社老第623号　各都道府県知事・指定都市市長あて　厚生省老人保健福祉局長通知
・平成12年5月1日老発第473号「介護サービス適正実施指導事業の実施について」の別添2「個室・ユニットケア施設研修事業実施要綱」厚生省老人保健福祉局長通知
・社会福祉法人佐倉厚生会，特別養護老人ホームさくら苑　職員アンケートより（平成14年11月実施）

第9章　ジェンダーと高齢福祉

　2004年4月21日付毎日新聞に，次のような記事が掲載されました。
　高齢者虐待について厚生労働省調査の結果である。2003年までの1年間に虐待を受けたと判明した高齢者1991人についての分析。平均年齢81.6歳で，75歳以上85歳未満が43.3％ともっとも多く，性別では女：男＝3：1。また，主な虐待者の内訳は32.1％が息子で，息子の配偶者（嫁）が20.6％，配偶者が20.3％（夫11.8％，妻8.5％），娘が16.3％。虐待の状況は心理的虐待が63.6％ともっとも高く，次いで介護・世話の放棄・放任が52.4％，殴る，ベッドに縛り付けるなどの身体的虐待が50％。なかには，心身の健康に悪影響のある深刻な事例が51.4％にのぼっているという報告。
　冒頭から衝撃的な内容となりましたが，わが国では2001（平成13）年4月から「配偶者からの暴力の防止及び被害者の保護に関する法律」いわゆるDV法が施行されたほど，男女間の暴力の問題もようやく公に語られるようになりました。しかし高齢者の虐待についての取り組みは遅れているといわれているとおり，ごく最近になってようやくその実態が報じられるようになりました。このような状況を反映して，一般社会の認識不足もあり潜在的にはもっと多くの事例が存在するのではないかといわれています。
　第2章の高齢者問題では，健康，介護，経済，住居の分野で問題の所在をさぐってみましたが，調査結果には明らかに男女の性差が現れていました。こうした調査結果に現れる性差は，生物学的な性差から生じるものなのでしょうか。それらの答えを導くためには国内データの分析だけでは不十分なので，諸外国の状況を併せて検討する必要があります。
　本章タイトルのジェンダーとは，生物学的性差（セクシュアリティ）に対して，社会的・文化的な性差を意味しています。わが国ではジェンダー研究も緒についたばかりですが，過去の学問研究のほとんどが男性の視点で男性の手に

よってなされてきたものであるという事実から，これらの研究をジェンダー視点で洗い直してみると，まったく異なった様相を呈することがあり，目下急速にジェンダー研究が進行しつつあります。

国連は1975年の「国際婦人年」の宣言を契機に80年，85年，95年と4回の世界女性会議を通して，世界的な地位向上に向け各国の政府に対して大きく影響してきました。1979（昭和54）年に国連で採択された「女子差別撤廃条約」が，わが国では1985（昭和60）年に批准されましたが，こうした国内外の動きが弾みとなって，社会のすべての分野にジェンダー的視点からの見直しが必要という気運が高まりつつあります。

本章では，高齢者福祉を人口統計と介護者問題に焦点を当ててジェンダーの視点で考えてみたいと思います。

1．人口転換のジェンダー視点

本書第1章でも語られたところですが，日本の人口増加と社会構造の変化をもたらした人口動態の変化は，一般に人口転換とよばれています。近代西欧諸国の人口動態の変化を観察したデータから一般化したもので，「多産多死」社会から「少産少死」社会に至る過程を示しています。しかし今日では，ヨーロッパの歴史研究や開発途上国の人口動態変化の観察から，それらの転換前と転換後の人口動態水準，転換のプロセスなどが多様であることが分かってきています[1]。

明治以降今日までの120年間の出生率と死亡率の変動段階でみると，1870～1920年で死亡率の長期低下が始まり，出生率はやや上昇傾向にありました。1920～1945年までは死亡率の低下が続くとともに出生力転換がゆるやかに進んだ時期です。そして1945～1960年は死亡率も出生率も急激に低下して，どちらも先進国の水準に達した時期でした。だいたい死亡転換と出生力転換が完了した時期といえます。1960～1975年は少産・少死の安定期です。1975年以降は人口置き換え水準以下の出生率大幅低下が進行する時期です。そしてこれら

の変化は，男女別人口の変化の時期でもありました[2]）。

　以上の通り，戦後の出生率の低下の始期は同時に人口高齢化の始期でもあり，中高年齢層の死亡率の大幅改善は，出生率の低下と重なって人口高齢化に拍車をかけました。人口高齢化のスピードが先進国のなかでも異例の早さであったことはすでに述べたところですが，同時に出生率低下の速度ももっとも速かったことを表しています。

　そして，長寿化，人口高齢化の進行にともなって要介護高齢者の増加が高齢者福祉を考えるに当たり重要なテーマとなっています。これについては第2章の2介護の現状で触れましたが，介護者の側の性比は高齢者のそれの4分の1にすぎず，男性に比べて女性の負担の圧倒的な大きさを示しています。

　このように，人口動態統計上の出生率の低下や人口高齢化といった変化の原因は何かをみると，明らかにジェンダー関係の変化が見て取れるのです。戦後の出生抑制力の転換は，人工妊娠中絶の利用，家族計画運動の自由化による子供数の制限のほか，経済発展にともなう工業化，都市化，教育水準の向上，乳児死亡率の低下，女性の地位向上や女性の社会進出（雇用拡大）などが考えられます。また死亡率の低下の要因として，医学・医療技術の進歩，公衆衛生の向上，栄養改善，女子の教育水準の向上などが死亡転換にも大きく作用したと考えられます。

　1970年代半ば以降，女性の社会進出，高学歴化と雇用増大と共に女性にとっても男性同様，職業労働が重要であるという認識が高まり，性別役割分業や専業主婦が望ましいと考えない人びとが増えています。こうした価値観の変化は，専業主婦の減少傾向が強まっただけでなく，現在では晩婚化，非婚化（シングル化）として現れています。日本の社会はこれまで20～30代の非婚を容認していましたが，現在は皆婚社会から非皆婚社会への転換の瀬戸際にきています。これらの傾向が急激な出生率の低下，出生字数の減少を引き起こし高齢化を加速させ，人口減少の時期を速めています。さらに，今後は生涯未婚や離別独身者が急激に増えるため，その結果将来は身寄りのない高齢者が急増することに

なり，高齢者問題の新たな課題を提起することにもなります[3]。

　以上の点から，今後の高齢者問題の深刻さは，少子化の進展のなかで，介護を担うマンパワーが不足するというだけでなく，家族内のいわゆる「老老介護」の意味が，現在のように老夫婦の配偶者が介護者になるとか高齢の子が介護するということから，家族関係，親族関係にない老人同士で介護しあう「老老介護」へ，その意味合いを転換せざるを得ない時代が到来する可能性があるということです。介護の人的資源を確保する必要性と同時に，高齢者がいかに健康を保ち自立生活を確保できるかの保健・予防対策の強化も併せて検討される必要が強まります。

2．介護問題のジェンダー視点

　旧民法下の家族は，「家」制度のイデオロギーの下で嫁に老親の扶養義務を課していました。つまり序章で紹介した諺が示すように，「老いては子に従え」とは江戸時代の女性に課した三従訓を示したものでした。ところがわが国は，家制度が廃止された戦後においても，高齢者の私的扶養と介護原則，介護や家族の世話は女のつとめ・嫁のすべき事というジェンダー規範を変容させつつ温存して現在に至っています。それが証拠に，現在でも老親扶養や子との同居志向は先進国のなかでも比較的高く，在宅の高齢者を介護する者の5割以上が妻，息子の妻（嫁），娘となっている事実が如実に物語っています（第2章2　介護の現状参照）。しかし現実には世帯構造の実態が示す通り，高齢者の世帯構造は今や単身世帯や夫婦のみ世帯が増加し，三世代世帯は減少傾向にあります。このことは，家族介護を旧来のように嫁が担うことは現実的に不可能になったことを表しています。ところが，先述の家族介護の実態（調査結果）が示すもうひとつの側面は，ジェンダー規範の根強さを裏付けているのではないでしょうか。

　産業革命以降の近代家族は原則として「核家族」ですから，それ以前の拡大家族（三世代家族や複合家族）のように高齢者を含んでいません。実はすでに

この時から，老人は家族から除外されていたいたのですから，高齢者の扶養問題は家族で解決する私的な事柄でなくなる可能性を秘めていた訳ですが，戦後に至っても伝統的な家族観に支えられていたわが国では，老齢人口比率の低い時代には社会問題と見なされなかったといえるでしょう。

在宅で高齢者を介護している介護者の調査を行った春日キスヨは，調査結果から読み取れる過酷な家族介護の実態から，「日本は在宅福祉政策としての公的制度を確立せずに，家族愛という幻想のもとに家族介護に代替させて世代別分業や性別役割分業を維持し，結局のところ家族とりわけ女性を収奪し尽くしてこの国の繁栄は成り立っている」[4]と指摘しています。

同様に，武庫川女子大の中田智恵海は，高齢者虐待問題研究から米国の実情を引用しながら次のような指摘をしています。

アメリカにおいては，介護者（caregiver）という用語が使用されたのは1975年で，家族介護者（family caregiver）という用語は，2001年に至ってからだと，全米家族介護者協会代表のミンツ（Mintz, S. G.）はいう。またレビン（Levine, C.）によれば，「家族介護者という用語には矛盾が内包されている」と指摘しています。「なぜなら，家族とは，出産や結婚を通じて介護を受ける人と特別に親密なパーソナルな関係にある人を意味するのに対して，介護者とは世話や医療的な行為を仕事として他者に有料で提供する保健ケアやソーシャルサービスシステムの一環を意味するから，両者には異なる文脈が備わっている。」つまり，錯綜した葛藤を引き起こす状況に常に直面する親族という生身の人間が介護者として職業人の責任を負わされている。この大変な介護を米国でも2,500万人の家族が提供しているが[5]，それは無償の行為であり，社会的に評価もされない結果，介護ストレスから老人虐待に至るという事実を引用して，中田はわが国特有の文化背景や家族観に照らして，虐待の引き金となるストレスは十分に備わっている，と指摘しています。特に家族介護における虐待事例の分析では，虐待の被害者では女性が男性の3倍であり，加害者では息子が3割ともっとも高く，また配偶者では夫が妻を上回っていることは，本章冒頭の

新聞記事からも明らかです。

　さて，本書第2章2では介護の現状について政府刊行物にある統計資料などをみながらその現状をみてきました。少子・高齢時代の現在，老親の介護問題は他人事ではなく，介護するかされるかは別として誰の身の上にも起こりうる事柄となっています。しかし，あらゆる統計をみるとわかるとおり，わが国の介護問題はまだまだ家族の問題，きわめて私的な問題とみなされている節があり，そのことからくる深刻な問題も有るようです。問題の背景や要因はみえつつありますが，介護問題の解決の手がかりとしての実証研究は緒に就いたばかりといってもいい過ぎではありません。

　以下では，笹谷春美の高齢者夫婦間ケアリング調査のジェンダー分析を参考にしながら，介護問題について考えてみようと思います。

　笹谷は，現在わが国の平均寿命の延びと子どもの数の減少，子ども家族の高移動傾向，年金などによる経済的自立などの背景が今後さらに高齢者夫婦のみ期間を長期化して，高齢者介護の増大を想起させること。また，夫婦間ケアリングに着目することで伝統的・日本的な介護モデルの変容過程とそれに代わる方法を見いだすことが可能ではないかと考えたこと。そして従前の高齢者問題の論点を拡大して，これまでみえていない介護の特質が析出されるのではないかという理由から，北海道の旧産炭地夕張市と札幌市に居住する大正生まれの高齢者夫婦を対象とした24夫婦のケーススタディを試みています。なぜ彼の地を対象に選んだのか等々については調査結果の詳細を参照していただき，ここでは笹谷の分析結果を紹介してみようと思います。

　まず第1に，夫婦間介護における介護動機や介護規範，日々の介護労働には，ジェンダーギャップがみられたと記しています。妻は「母親」の延長で夫の介護も家事も行う，しかし夫の場合介護は「特別な仕事」であるというのです。そのことを笹谷は，女性の介護は「包括型」に対して男性の介護は「課題対応型」と表現しています。つまり，被介護者である夫は介護されるのは「当たり前」と考え妻に依存的となるのに対して，妻は夫にすまないという気持ちから，

家事はなるべく自分で行い介護でもできるだけ迷惑をかけたくないとする。結果的に女性は，介護者や介護される立場にかかわりなく男性より重い負担を負っている[6]というのです。

　第2に，夫婦間介護を支えている規範は〈夫婦〉規範であり，そこには介護を巡る伝統的な〈家〉規範や〈家族主義〉イデオロギーのとらわれに対する希薄化がみられたとしています。

　第3には，夫婦間介護を支えるのは「夫婦」規範ではあるが，この介護には愛と労働の両側面があり，下の世話などパーソナルな身体介護にはそれまでの夫婦関係つまり来し方が反映しているという。とくに，家父長的に権威を振りかざしてきた夫たちは介護をされる立場になった時に妻たちの介護拒否や介護の劣化をもたらすことが有ると指摘しています。そして第4に夫婦間介護を家族変動の視覚から考察すると，日本型近代家族の浸透するなかで，介護をめぐる老親と子ども世代の関係の新しい段階への移行が読み取れる。つまり，構造上も実態からも老親の介護は今や子世代の最重要課題ではないということから，双方に「核家族」化を浸透させているともいっています。このことは，夫婦のどちらか一方担った場合はどうするかの問いに対して，「こどもとの同居介護」「施設入所」「わからない」に3分されて意識の揺れが見て取れることと，子どもがいても，施設を希望する人が少なからずいたことは注目に値するといっています[7]。

　以上調査分析から，笹谷春美は日本型近代家族の浸透に伴う高齢者の自立化傾向は，閉鎖的な個別家族内介護の社会化を促進せざるを得ず，介護をめぐる家族，子か，公私，ジェンダー間のこれまでの線引きの在り方が問われ，多様な分担のあり方が模索されていかざるをえない[8]と記しています。

　以上，介護をジェンダー的視点で分析している2つの研究事例を引用しながらみてきましたが，最後に，春日キスヨの「介護－愛の労働」と題した小論文から，介護問題の分析の一つの視点を提示して本章を結びたいと思います。

　病弱な高齢者の介護問題は，「多産多子」社会から「少産少子」社会へ人口

転換した先進諸国が共通に抱える問題です。長期にわたり高度な介護を誰が負担するかといえば、家族と女性への偏りとして現れており、その背景にあるのが「介護」という生活領域は老親扶養の一端として昔から家事領域として主に女性により担われてきたという事実です。しかし、家族内介護が主流の時代は、医療制度を始めとする年金などの社会保障制度も整備されていなかったので、一般的に老齢の病弱者が長期間医療を受けることは不可能であり、まして介護など望むべくもなかった時代でした。介護問題は寝たきり老人問題が社会問題化する過程で起こってきた。つまり介護問題は経済発展と近代科学観に基づく医療技術の進歩によりもたらされたものであることを指摘しています[9]。

しかしながら、こうした社会動向に加え男女平等意識が浸透し、女性の高学歴化が進んだ現在でも、なぜに介護の担い手は圧倒的に女性であり続けるのか。近代家族史研究は性別役割分業そのものが、近代成立以降の歴史的初産である家族観や性別役割規範を前提にして組み立てられたものであるという事実を明らかにしていき、この視点から介護問題を読み解くのがフェミニズムの視点に立つジェンダーアプローチ[10]であるといいます。

また、春日は、介護を必要としている高齢者の社会的位置の変化に着目するなかで、「ケアを与える側の「家内医療」、「家内看護」から「在宅介護」への時代的変化は、介護される側の「高齢の病人」から「高齢の障害者」への位置変化である。つまり、障害者は病人より、より低位にみられるという社会の視点をロバート・F・マーフィーやヴィクター・ターナーの指摘を引用して述べているのです。この要介護者のおかれている社会的位置の劣位こそが、女性特有の女性本能以上に、男性優位社会において男性より劣位におかれている女性が介護者として選ばれる理由である[11]と記しています。さらに、排泄介助など、身体にまつわる諸観念のベースには、男性優位をシンボリックに示す男根崇拝的性器観があり、介護関係のなかにも「自己」が身体と性に還元され、「自己」と「他者」のなかでセクシュアリティが特権化される」近代のセクシュアリ観が現象することが介護されるときの負担感の性別による差異につなが

り，介護者として女性がより選好される一因となっているのではないか。さらに，今後女性高齢者数が男性高齢者数を遙かに上回るなかで，介護者として女性の負担を強化しかねないのではないか。そして介護が，近代社会の文化的社会的構築物である「愛情」と「セクシュアリティ」を基軸にする女性役割とされている事実は，その基軸の根底的な変化なしには女性の介護負担を減らすことは困難であると予測させる[12]と結んでいます。

注)
1) 鎌田とし子・矢澤澄子・木本喜美子編『講座社会学14 ジェンダー』東京大学出版会，1999年，p.111
2) 同上書，pp.111〜112
3) 同上書，p.144
4) 同上書，p.221
5) 『社会福祉研究』第89号，鉄道弘済会，2004年，p.25,
6) 鎌田とし子他編，前掲書，p.240,
7) 同上前掲書，p.243,
8) 同上前掲書，pp.243〜244
9) 井上俊・上野千鶴子・大沢真幸・見田宗介・吉見俊哉編著『成熟と老いの社会学』(岩波講座現代社会学13) 岩波書店，1997年，p.180
10) 同上書，p.182
11) 同上書，p.187
12) 同上書，p.189，p.194

参考文献
・広井良典『ケア学 越境するケア』医学書院，2000年
・井上俊・上野千鶴子・大沢真幸・見田宗介・吉見俊哉編著『成熟と老いの社会学』(岩波講座社会学13) 岩波書店，1997年
・「高齢者の地域生活を支える仕組みを問う」『社会福祉研究』第89号，鉄道弘済会，2004年

第10章 事　例

1．施設のなかの季節感

　「日本にはいくつの季節があると思いますか。」
　この質問に対して返ってくる答えの多くは，「春」「夏」「秋」「冬」の4つという答えです。たしかに「四季」という言葉があるように，私たちは小さい頃から季節は4つだと教わってきました。しかし日本では昔から「二十四節気」とよばれる季節の区分方法があることを知る人は，以外と少ないようです。「二十四節気」とは古代中国でつくられた区分方法で，太陽が春分点を出て再び春分点に達する周期を24等分し，それぞれの区分ごとに節気を配置したものといわれています。参考までに二十四節気にみる季節の区分を挙げますと，次のようになります。
　「立春（りっしゅん）」「雨水（うすい）」「啓蟄（けいちつ）」「春分（しゅんぶん）」「清明（せいめい）」「穀雨（こくう）」「立夏（りっか）」「小満（しょうまん）」「芒種（ぼうしゅ）」「夏至（げし）」「小暑（しょうしょ）」「大暑（たいしょ）」「立秋（りっしゅう）」「処暑（しょしょ）」「白露（はくろ）」「秋分（しゅうぶん）」「寒露（かんろ）」「霜降（そうこう）」「立冬（りっとう）」「小雪（しょうせつ）」「大雪（たいせつ）」「冬至（とうじ）」「小寒（しょうかん）」「大寒（だいかん）」
　このように24等分した季節のとらえ方から判断すると，日本には24つの季節が存在すると説明できるのですが，単に季節は春・夏・秋・冬の4つだという既成概念でとらえてきた私たち現代人にとって，この24つの季節の存在は新鮮味があり，とても魅力的です。そして年間を通じて微妙な季節の移り変わりを敏感に感じ取り，その移り変わりを生活様式に取り込むことのできた先人の感性のすばらしさに対して，同じ日本人としての誇りを感じずにはいられませ

ん。

　ですから長い年月の間に，季節の移り変わりがはっきりした日本の風土の中で培われてきた風習というものは，再度見直してゆき，その良さを施設の生活のなかに取り入れてゆくことで，諸外国とはいささか異なるお国柄が感じられるような，環境づくりを進めてゆく必要があるでしょう。

　しかしながら特別養護老人ホームとよばれる施設内の生活環境は，必ずしもこの季節の移り変わりを敏感に感じ取ることのできる空間になっているとはいいきれません。たとえば，外に出られる機会は在宅者に比べてかぎられていますし，また，毎日の食事もたしかに季節感のある献立に工夫されているものの，考えようによっては一方的な献立で，さらにすでに調理された状態で提供されては，在宅者のようにまず食材を購入する段階で，さまざまに店先に並べられた野菜や果物類をみることで，その季節を感じ取れる機会からは明らかに遮断されているのです。

　小さい頃から季節が身近にあった生活を送っていた高齢者にとって，施設という季節感の希薄な入所型サービスの継続性は，得てしてその人の季節感を曖昧にさせて，結果的に認知症を進行させたり，あるいは残存している身体機能を低下させるといった悪循環を招く可能性があります。ですから施設という限られた環境資源をうまく活用した季節感の演出を工夫することは，入所されている高齢者の残存機能の維持と向上につながることはもちろんのこと，さらには季節の移り変わりを身近に感じ取ることで，施設生活の活性化にも結びつくものだと思われます。

　ここで一例までに，特別養護老人ホームサンライズビラで行っている季節感の演出について紹介してみたいと思いますが，この方法はさまざまな職種の職員がアイデアを出し合って生まれた方法ではなく，どちらかというと，個人的な趣味・特技分野を活用した方法といえます。

　筆者は現在，特別養護老人ホームの生活相談員として働いていますが，一方で「和紙」という素材を使った人形の創作活動を行っております。そこで，こ

の人形作家という立場を利用した，季節の移り変わりを感じてもらえるような工夫をしているのです。方法はいたってシンプルなもので，要は筆者自身の作品を施設内に展示するだけのことですが，しかしここで大切なことは，できるだけその題材を季節感のあるものにすることと，もうひとつは作品を長期間展示するのではなくて，比較的小振りな作品を定期的に入れ替えることです。つまり，小まめに作品を入れ替えることによって，季節の移り変わりを感じ取ってもらおうという発想です。

　和紙人形の題材は一般的に，「童（わらべ）」のようなほのぼのとした印象のものから，「歌舞伎」や「能」といった日本の伝統芸能に主題をおいた艶やかなものまでさまざまですが，その作品ひとつでいろいろとその季節が感じられる特徴をもっています。さらにその人形の素材そのものが「和紙」という，他の紙質とは違い，素朴でほのぼのとしたあたたか味のある素材なので，この質感が日本の季節の移り変わりを表わすのに有効的だといえます。

写真10－1

図表10－1　季節ごとの伝統的な行事

月	行事名
1月	初詣で，初日の出，獅子舞，凧揚げ
2月	節分（豆まき），立春
3月	ひな祭り（上巳の節句），春彼岸
4月	花祭り（御釈迦さまの誕生の日），お花見
5月	端午の節句（菖蒲湯）
6月	夏越しの祓い（なごしのはらい）
7月	七夕
8月	お盆，盆踊り，灯籠流し，花火
9月	十五夜（仲秋の名月），秋彼岸
10月	菊の節句（陰暦の9月9日で，現在の暦では10月中旬頃にあたる）
11月	七五三
12月	冬至（ゆず湯），餅つき，年越しの祓い，除夜の鐘

　ここで実際に飾ったことのある作品のタイトルから，季節の移り変わりを表現するための工夫を挙げてみましょう。（作品の人形はすべて童の姿で表現しています）

　1月「凧揚げ」，2月「節分の豆まき」，3月「ひな祭り」，4月「花祭り（御釈迦さまの誕生の日）」，5月「端午の節句」，6月「梅雨」，7月「七夕」，8月「夏祭り」，9月「十五夜」，10月「紅葉狩り」，11月「夕焼け」，12月「雪だるま」

　このようなタイトルで人形を月ごとに入れ替えてゆくと，自ずと施設という屋内の空間であっても，季節は感じられるものです。またひと工夫して現行の季節よりもやや先の季節を先取りするような気持ちで，その作品を入れ替えてゆけば，おしゃれでとても効果的です。入所されている高齢者の中には，人形が入れ代わるのを待ち望んでいる人もいるようですし，入所者の他にも家族の方や職員も，作品に関心を示してくれている様子をみると，その作品をつくった者として，作家冥利につきることといえます。ですから，コミュニケーションする際の話題性に乏しい施設の生活の中でも，定期的に作品を入れ替えることで，入所者同士の話題となって拡がってゆくことを期待したいものです。

なお，前述の月ごとの作品のタイトルからも分かるとおり，季節の雰囲気を出すには，その季節ごとの生活習慣や，伝統行事を組み合わせることによって，さらにその季節感をふかめることができると思いますから，参考までに日本の生活に溶け込んだ伝統的な行事を，その代表的なものでまとめてみましょう。

このように古くから伝わる行事や習慣を風化させずに，施設において企画・実施される行事の中で再現してみたり，あるいはそれをパロディ化することで，かなりの率で季節感は打ち出されてくると思います。なお3月3日の「上巳の節句（じょうしのせっく）」や，5月5日の「端午の節句」，そして7月7日の「七夕の節句（ひちせきのせっく）」，9月9日の「重陽の節句（ちょうようのせっく），あるいは菊の節句」，と併せて，表の中では触れませんでしたが，1月7日の「人日の節句（にんじつのせっく）」とよばれる5つの節句を祝うのも感覚的に新鮮であることでしょう。

さらに普段私たちが何気なく過ごしている祝日にも，それなりのいわれがあり，なかには宮中の行事と関連づけられた旧称で，高齢者にとっては思い出深い祝日の日もありますので，高齢者と接する者としては理解しておくといいかも知れません。たとえば2月11日の「建国記念日」は旧称「紀元節（きげんせつ）」とよばれていたようですし，あるいは11月3日の「文化の日」は「明治節（めいじせつ）」，11月23日の「勤労感謝の日」は「新嘗祭（にいなめさい）」とよばれていたようです。

このように今あげた行事や習慣というのは，高齢者にとって日本の季節と結びついた，大変馴染みのある行事といえますから，たとえば季節ごとの行事を取り入れる際に，その準備作業に加わってもらうことで，「村社会」の長老の存在のように，その人にとっての居場所がみつかるというものです。

私たちは日本で生まれ育ってきたのですから，今一度，日本の季節の移り変わり，そしてその季節ごとの習慣を見直して，それを施設の生活にうまく取り入れることで，入所している高齢者はそれを懐かしみ，そして若い職員はそれに新鮮さを見出し，互いの関係が「介護する人」と「介護される人」という関

係でなく，共に生活をおくるパートナーとしての関係づくりに結びつけることができると思います。これからも和紙人形の展示を通じた季節の移り変わりと，季節ごとの習慣・伝統行事を大切することで，施設生活を送っている高齢者の，生活の質を向上させていきたいと思います。

2．高齢者のおしゃれと「化粧療法」について

　高齢者のおしゃれや「化粧療法」は近年マスメディアでも取り上げられるようになりましたが，『平成12年版厚生白書』コラムにも「化粧や，おしゃれ，身だしなみが脳の活性化や免疫力の向上に役立つ」とあります。高齢者のQOLの維持向上に効果があると期待され，施設や病院でも実施されるようになりました。

　筆者が高齢者のおしゃれと「化粧療法」に関わることになったきっかけは，品川区の高齢者向け生涯学習として「おしゃれコーディネート」なる講座を企画し講師をさせていただいたことに始まります。化粧，ファッション，カラーコーディネート，アロマテラピー，食生活など五感にかかわるテーマを取り上げてみました。そこで確信したのは，おしゃれに関心が高い人は暮らしを生き生きと楽しんでいる，QOLが高い人が多いという事実でした。

　このおしゃれの楽しさを施設のお年寄りにも味わっていただきたいとの思いから，平成11年ボランティアグループ「スマイルサポート」を設立し，活動を始めました。始めた当初は利用者さんも積極的に参加される方は少なく，周囲に勧められてやっとという状況でした。「こんな年寄りになんでこんなことをするの」「いまさらお化粧なんて」などといわれたものです。プログラムというものはありませんし，痴呆症の方との接し方についてもとまどいがありました。まずは，どのようにすれば受け入れられ，コミュニケーションを図ることができるのか，お年寄りの心と体についての知識と理解を深めることに努めました。

　回を重ねていくうちにお顔なじみもふえ，会話も自然にできるようになりま

した。そして，この5年間に延べ3000人近くのお年寄りとふれあいをもたせていただくことができました。

　しかし，これまで継続することができた大きな要因は，施設の前向きな姿勢と介護士さんの積極的な協同の成果といえましょう。日常，利用者さんと接している介護士さんとの連携なくして，活動はできません。ハードな日常の業務に「わずらわしさが増える」とネガティブに受け止めれば，利用者さんは敏感に空気を感じ取って「年寄りにお化粧なんて必要ない」とますますかたくなになります。「心のケア」と理解することが重要です。「利用者さんの笑顔を見るのが何よりうれしい」「ご家族に見せてあげたい」と喜びを共感することで，利用者さんの心をほぐし，信頼関係もより深まっているように見受けられます。

　プロジェクトを組んでの実行によっては，オムツはずしなどのいちじるしい変化（図表10-2）も期待できるようですが，本章ではボランティアとしての視点から，その概要とエピソードなどを述べさせていただきます。

1）化粧が心身に及ぼす影響とその効果

　化粧が心身に及ぼす影響は大きく3つあげられます。まず，① 心理的効果として（自己充足感，自信回復につながる，積極的な自己表現，ストレスの解消，快い緊張感，気分の高揚）などがあります。つぎに，② 生理的効果として（マッサージや皮膚の触刺激により，筋肉の緊張をやわらげる，血行を促進し新陳代謝を高める，ホルモンの活性化，自律神経のバランスを調節，免疫機

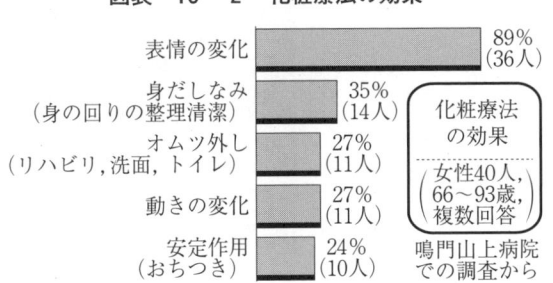

図表　10－2　化粧療法の効果

項目	割合	人数
表情の変化	89%	(36人)
身だしなみ（身の回りの整理清潔）	35%	(14人)
オムツ外し（リハビリ, 洗面, トイレ）	27%	(11人)
動きの変化	27%	(11人)
安定作用（おちつき）	24%	(10人)

化粧療法の効果（女性40人，66～93歳，複数回答）鳴門山上病院での調査から

能を調節しホメオスタシスを高める)。さらに，①，②の相乗効果として③社会的効果（コミュニケーションの機会がふえる，会話がふえる，社会的な積極性の向上）などがあります。

また化粧療法としての角度からは，①リラクセーション効果　化粧品使用時の肌の触感（しっとり，つるつる，柔らかい）香りによるいやし，指先のタッチングによる（ふれあい，いつくしみ，いやし）あるいは，②リフレッシュ効果　爽快感（さっぱり，すっきり，さわやか）などの心地よさがあります。つぎに，③リクリエーション効果としては自己表現の楽しみ，遊びの要素があり，冗談や会話もはずみます。また，④リハビリテーション的効果として，五感の活性化（皮膚感覚，鏡をみる，芳香をかぐ）セルフマッサージで指先を使う，集中力の向上，感情の安定化，他人の目を意識するなどがあげられます。

2) 活動概要とポイント

■事例1　特別養護老人ホーム

　　　　日時　隔月　日曜日　午前10：00～11：30
　　　　場所　デイルーム（食堂に隣接）
　　　　内容　マンツーマンによる「化粧療法」　1名10～15分程度
　　　　　　　マッサージ，メーキャップ，ファッションコーディネート

ポイント

・あらかじめ担当者によるミニカルテの作成（心身の状況，サイズ，お好みなど）
・可動域制限などの身体状況によっては介護士さんによる着替え介助
・衣装はセミフォーマル系が中心（エプロン式に改

図表10－3　特養

作），着物（二部式）
- アクセサリー，帽子，スカーフ等の活用
- 写真撮影
- 見学のみの参加も勧める

■事例2　在宅サービスセンター

　日時　隔月　土曜日　午前10：20～11：30
　場所　デイルーム
　内容　「おしゃれ教室」実習とミニ講座
　　　　4，5名のグループに1名以上の担当者
　　　　マッサージ，メーキャップの実習
　　　　月別テーマによるミニ講座
　　　　マニキュア，アロマテラピー，色彩，帽子，スカーフ結び
　　　　着物，ゆかた，ミニファッションショーなど

ポイント
- 利用者さんの希望を取り入れテーマを決める
- お互いがみえやすく会話しやすい円卓を使用
- 研修生，中学生ボランティアの参加もある
- 実習用の用具化粧品は，主として施設の備品
- 男性もメーク以外はなるべく参加をすすめる

図表　10－4　デイサービスにて

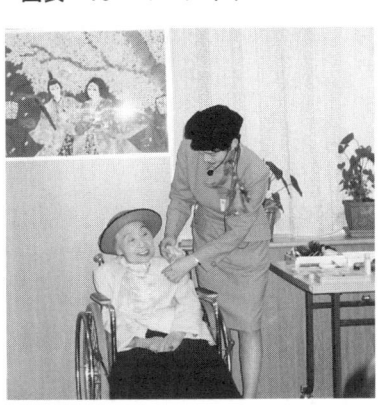

図表　10－5　ファッションショー開催

・利用者自身の手を基本とし，身体能力に応じ介助

・ゆかたがテーマのときは担当職員も着るなど雰囲気づくり

■事例3　その他，施設行事，催事への参加

　　　ミニファッションショー，きもの，ゆかた撮影会，クリスマス会

　　おしゃれ体験コーナー，介護者教室，地域高齢者講座，介護職員研修

■感想やエピソードなど（利用者さん介護士さんからの聞き取りを含む）

① 利用者さんの感想や思い出話

「私じゃないみたい」「生まれて初めて」「もう一度嫁に行かなきゃ」「歯を入れなきゃ」「お化粧をするのは何十年ぶり」「冥土の土産」「年寄りでも化粧すると違うもんだね」「昔は化粧なんてできなかった」「これでもおしゃれだった」「銀座の洋品店に勤めたことがある」「昔は女優と間違えられ，サインをもとめられたこともある」「姑がみだしなみにうるさい人だった」

② 情動の変化

・普段ほとんど発語のない方が鏡をのぞいて「きれい」といわれた。

・はじめ嫌がっていた方が，仕上がって鏡をみて涙をこぼされた。

・じっとしていられない方が一時間近く集中して見学し，順番を待った。

・意思の疎通が困難な方が口紅をつけやすいように口をすぼめるしぐさ。

・お化粧はいやだが口紅だけはつけてみたい方も多い。

・鏡をみることも少なくなった方が自分で髪の毛を撫で付けた。

・手で払いのけ，今まで化粧できなかったが，片手を握りながらだとできた。

・あなたもやってみなさいと他の人にも勧めた。

③ 介護士さんの感想
　　・利用者さんの生き生きした顔に驚き，普段とは違った一面をみた。
　　・見る見るうちに表情が和らぎ，内面の変化もみて取れた。
　　・着脱が簡単なことのみで，好みとは関係なく服を着ていただいていたのに気づいた。
　　・ご家族に写真を見せるのが何よりうれしそう。
　　・写真をご家族がとても喜ばれ持ち帰られた。
　　・ドレスアップして撮影した写真をベッドサイドにおいている。
　　・利用者さんに「もっとおしゃれをしなきゃだめよ」と発破をかけられた。
　　・寝たきりの人でも口紅だけはつけてあげたい。
　　・機会があるとお化粧してあげたくなる，おしゃれに縁がなかった私がここまでかわるとは。
　　・普段字を書かない利用者さんから感想のメッセージを書いてもらった
　　・あきらめていた孫の結婚式に車いすで出席した。
　　・介護士さん手作りのポートレート額を誕生日にプレゼントした。
　　・デイサービス通いの身支度に気を使う方が増えた。
　　・華やかな色の洋服も着るようになった。
　　・家族がマニキュアをぬってくれた，よく指先をみる。
　　・着物をテーマにした折，着物のたたみ方を教えてくれた。
　　・男性もハンドマッサージ，マニキュアは喜ばれた。
　　・ディサービスの送迎順番待ち時に簡単なお化粧や，マニキュアが喜ばれた。
　　・施設入所に化粧品を持ってくる人も出てきた。
　　・催事の折にお化粧するようになった。

■実施施設

中延特別養護老人ホーム，荏原特別養護老人ホーム，南大井老人保健施設，中延在宅サービスセンター

(2003年12月現在)

3）お化粧の簡単な手順

まず声をかけてから，動作に移ります。施術者（右利きの場合）は利用者からみて右斜め前に立つ，または椅子座対面（腰に負担がかからない）します。次に，ケープをかけ，必要ならクリップかヘアバンドを使用します。そして，利用者から鏡がみえるよう調整

① 化粧水（肌をさっぱりさせ，潤いを与える）
  ・コットンに百円玉位の量をとり，中指に挟みやさしくふきとる
② 乳液（肌をしっとりさせる）
  ・手のひらに百円玉位の量をとり顔全体にのばす
③ マッサージ（血行，リンパの流れを良くし，化粧のりを良くする）
  ・後ろに回って中3本の指を使いらせんを描くようにマッサージ
  ・1分間に60程度（心拍）の速さ，指先に力を入れないこと
  ・頬，額を2～3分，まぶたは避ける
④ ファンデーション（固形ファンデーションは手早く自然な仕上がり）
  ・首すじの色に合わせる（やや白めのほうが好まれる）
  ・パフ面の3分の1位とり軽く抑えるようにつける
  ・頬，額，鼻，口の周りの順につける。頬以外は薄めに
  ・額の生え際やあごと首の境目が目立たないよう薄くぼかす
⑤ 眉ずみ（濃い眉はブラシで整えるのみ）
  ・眉ブラシでファンデーションを落とし，眉毛を整えてから描く
  ・固形状眉ずみをブラシにとり（またはアイブロウペンシルで）
  ・まず眉山を決め眉尻向かって描き，中ほどから眉頭に向かって描く，ブ

ラシで整える。
⑥ ほほ紅（顔に立体感を出し，生き生きとした表情になる）
　・ブラシにとり頬骨から耳に向かって，笑ったときの高いところから
　・外に向かって楕円状にぼかす
⑦ アイシャドウ（色の希望を聞いてみる）
　・ピンク，ブルー，パープルなどの明るめの色をまつげの生え際から
　・まぶたに5 mm〜1 mm位自然にぼかす
⑧ 口紅（2，3色くらいから選んでもらう）
　・明るめのはっきりした色のほうが肌色がきれいにみえる
　・紅筆を使い輪郭を取る　上唇の山から口角，下唇の中央輪郭から口角を結び全体を塗る

■実施にあたっての留意点
・事前にインフォメーションをする
・デイサービスの場合は家族へも周知が望ましい，周囲が批判的だとかたくなに断られる場合がある
・実施場所は外の光が入るような明るい場所が望ましい。
・リラックスできる音楽やテーブルクロスなど効果的な演出。
・慣れないうちはまず，積極的なタイプの方から声を掛けて雰囲気づくり。
・無理強いせず，個性を尊重すること。
・利用者さんの感想を聞いたり，表情の変化をみながら進行する。
・施術者の明るい表情とプラス思考の言葉遣い。（例　＋華やか，－ハデ）
・周囲の関心や反応も大きな影響がある。自然なほめことばや感想が，自信につながる。

■注意事項
・皮膚に炎症や，かゆみなどの異常があるときは実施しない。
・発熱，その他医師の許可が必要な既往症がある場合の確認。
・清潔な肌に化粧する（洗顔できない場合，洗顔シートかおしぼりで拭く）。

・肌に触れる前に声をかける。（例「化粧水です，ちょっと冷たいですよ」。）
・化粧品使用後，かゆみ，ひりつきなどが出た場合すぐに水で洗い流す。
・かみそり，カットバサミなどは使用しない。
・目や口に誤って化粧品が入らないように注意。
・誤飲誤食に注意する（化粧品，パフ，コットンなど）。

■使用する用具，化粧品の例

① 卓上鏡，化粧ケープ，ヘアクリップ，コットン，ティッシュペーパー，パフ，眉ブラシ，ほほ紅ブラシ，シャドウチップ，紅筆
　・用具は清潔なものを使用しましょう。パフ，紅筆は使用のたびに洗浄し，とくに紅筆は使い回しを避けます。

② 化粧水，乳液，固形ファンデーション，眉ずみ，ほほ紅，口紅，アイシャドウ，クレンジングシート
　・化粧品は，リーズナブルなもので十分に対応できますが，万一のトラブルなどに対応できる消費者窓口を明記しているメーカーのほうが望ましいでしょう。

③ 仕上げにヘアを整え，鏡を見てもらう。声をかけ，感想を聞く，周囲の反応もほしい

④ 化粧を落とすときはクレンジング洗顔またはクレンジングシートが望ましいが，使い慣れた石鹸でも良い，洗顔後，化粧水か乳液をつける。

4）展　　望

「化粧療法」という言葉をはじめて知ったのは1997年の新聞記事でした。当時はインターネット検索でも数件のみでしたが，ここ数年で100件をこえ，国語辞典にも入っています。

高齢者のおしゃれに対する社会の受け止め方もかなり変化してきましたが，一方で，何にでもセラピーや療法の言葉を入れるべきではないとの異論もあります。確かに療法として確立されているわけではありませんが，この5年間の活動をとおして得た結論は，お年寄りにとって心身両面へのよい効果が確かに

あるということです。

そして，活動する私たち，介護士さん，ご家族にとっても喜びを共感できるものです。

「機会があるとお化粧をしてあげたくて仕方がありません」との若い介護士さんの言葉は，まさに利用者さんと喜びを共感した心の表れでしょう。化粧療法に限ったことではありませんが，共感することは，全人的な介護を目指すうえでとても重要なことに思われます。おしゃれや化粧はむずかしいことではありませんがある面ではわずらわしさもともないがちです。

今後の課題として，高齢者の生活や介護にもっと取り入れやすくするための① 簡易なプログラム作り　② ボランティアの育成　③ 介護者への知識および技術の普及　④ 社会的理解を深める環境作りなどを目指して行きたいと考えております。

3．高齢者とセクシュアリティ

一般的に，高齢になるほど男性とか女性というセクシュアリティをことさら意識することはより若い世代のそれに比べて少なく，往々にして高齢者には加齢にともなって性的な感覚や，異性を意識するような感情は枯渇してしまうものであるように考えがちです。しかし近年の高齢化社会にあって，これまでタブー視されていた高齢者の性に関する研究も進み，一般的な考え方の偏りや誤解も指摘されるようになりました。

さて，以下は有料老人ホームの入居者が数十年ぶりに知人と再会したことを契機に交際を深め，恋愛感情が本人自身の単調な日常生活に張りをもたらしたばかりでなく，他の施設入居者や施設職員に及ぼしたさまざまな影響について報告します。

1）ケースの概要

Mさん（77歳女性）

学　歴：尋常高等小学校卒

家　族：父，母，姉2人　弟2人
すべて既に死亡

結婚歴：なし

性　格：激しい気性

職　歴：化粧品関係

ＡＤＬ：自立

趣　味：ドライブ，茶道，書道

施設入所年月：68歳時の夏

病　歴：リウマチ

図表10－6　デイサービス

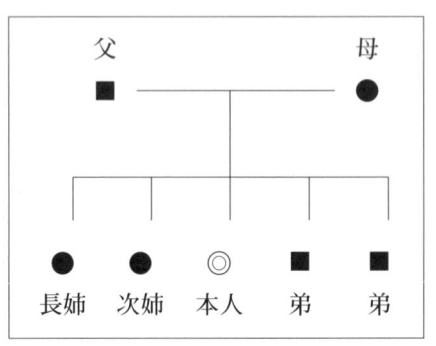

```
   父              母
   ■──────────●
   │
 ┌──┬──┼──┬──┐
 ●  ●  ◎  ■  ■
長姉 次姉 本人 弟 弟
```

2）有料老人ホームについて

（1）法的位置づけ

　常時10人以上の老人を入所させ，食事の提供やその他生活上必要な便宜を供与することを目的とする施設であって，老人福祉施設でないものをいいます。老人福祉法第29条には，施設設置の都道府県知事に必要事項を届出なければばらないと規定されています。

（2）介護保険法との関係

　有料老人ホームは，特定施設入所者生活介護の指定を受けて居宅サービスとして位置づけられている。介護提供は，入居している特定施設入所者生活介護事業者より丸抱えのサービスを受けるか，または他の居宅サービス事業者のサービスを受けるかのどちらか一方となっています。

（3）契約方法（1例）

　入居に際して，入居一時金（一括払いと分割払い方式有り）のほかに月ごとの諸費用が必要となります。入居一時金は専有面積（居室の広さ・間取り）により異なります。

3）生活歴

入所直前までT県内在住。全国の美容関係者向けの講演活動や執筆活動をしていました。

仕事一筋で生きてきたが，本人50代半ばで両親の介護が必要となり，講演活動とかけ持ちで多忙をきわめていました。日常生活においては，炊事，洗濯など家事一切は付き人がすべてまかなっていました。

4）有料老人ホーム入居に至った理由

持病の通風が悪化し，仕事ができなくなって私生活にも将来にも不安を抱き仕事をやめて入居したものです。永い間の一人暮らしと気ままな食生活により，持病は改善するどころか，通院してもはかばかしい状態ではありませんでした。身体も弱り世間も徐々に物騒になり不安を抱いた本人は，有料老人ホームの入居を決断しました。

5）老人ホーム入居後の生活

入居した有料ホームには80名の入居者がいる。有料老人ホームは他の老人ホーム（特別養護老人ホーム，養護老人ホーム）と異なり，健康な方が自由意思で入居しています。したがって基本的には生活全般が入居者自身の意思決定により行われ，ホーム内の食堂での食事時間が決まっていることと，帰宅時間（一応の門限）が遅くなる場合のみ事務所に連絡する約束があるだけです。

Mさんは，入居してすぐに自動車教習所に通い運転免許を取得した。ホームから60キロメートル離れた実家の菩提寺へ墓参りに行くのが目的である。しかし，Mさんは毎日ドライブを楽しみ，時には帰宅時間が遅くなることもありました。

また，Mさんは茶道の心得もあったので，ホーム内の茶室管理を任されていた。茶道を通して他の入居者とも交流があり，ほどよく快適な施設生活を送っていました。

ある日のこと，実家の土地売却に当たり，不動産業者のHさんと知り合いになりました。その後はHさんとの交際が深まるにつれ，帰宅時間も深夜に及ぶ

ようになりました。また、Hさんがホームに来るとMさんの居室に入ることもたびたびありました。

(場面1)
　深夜帰宅が続いていたある時期、Mさんが頻繁に医務室を訪れることがあった。Mさん自身は病院受診も服薬管理もできる人だったので、日頃は自ら医務室に来ることはありませんでした。そのMさんが、どこか恥ずかしそうな様子をみせながら話始めた内容は、次のようなものでした。
　現在おつきあいしているHさんとの交流がうまくいかないのでどうしたらよいか。というのでした。そのときの話の内容からMさんが、現在どのようなことで悩んでいるのか、そしてHさんとの関係を続けるために真剣に問題解決したいと考えていることが手に取るようにわかるものでした。これを機に、病院受診をはじめとして色々と相談にのることになりました。こちらがMさんの心情を理解し共感するにつれ、Mさんの表情も気恥ずかしいという感情から、満足感というか充実感を感じさせるものに変化していきました。Mさんは語ることで自分の考えや問題を整理しながら生き生きしていることに気づいた私たち職員も、
　「いまさら既成事実もないだろうから、Mさんが幸せと感じるのであればHさんに甘えたらどうか。」と2人を見守る姿勢をとりました。

(場面2)
　平成15年7月長雨が続いたある日のこと、Nさんから洋服の入れ替えをして欲しいとの依頼がありました。当日はたまたま湿気の強い日だったので、「もっと湿度のない晴天の日に改めてやった方が良いのではないか。」と提案したところ、突然怒り出して部屋を飛び出してしまいました。職員は、あまりの剣幕に気圧されながらも戻るように声を掛けてMさんの後を追いましたが、「後に付いてくるな」と職員を怒鳴りつけ「言う通りにしないのなら、走行中の自動車めがけて飛び込み自殺してやる。」と職員を威嚇しました。ホームから1Km程離れた場所で迎えの車と合流し、Nさんを無理矢理この車に乗せて帰路

につきた。車中興奮して激しく抵抗するMさん。これではらちがあかないとそのまま近所の病院へ受診すると、そのまま入院することになりました。Mさん入院の報は、Hさんにも報らされHさんはすぐに駆けつけてきてくれました。

　入院中は、毎日職員が病院に様子をみに訪れました。Nさんは、入院直後から落ち着きを取り戻し、「恥ずかしいことをした」といい出しました。親しくなったHさんが、以前Mさんの居室を訪れたとき、部屋中に荷物が沢山あって居場所がないと指摘されたので部屋を少し整理したいと思ったが、自分は仕事一筋で生きてきたので、掃除や洗濯などの経験が乏しく、洋服を片付けようと箪笥を整理していたが逆に収拾がつかなくなってパニックに陥ったとのこと。「Hさんはもう私の部屋には上がってくれないわ。」と悲しそうな表情のMさんでした。しかし、Hさんは入院中のMさんを見舞いました。その時の話から、MさんとHさんは土地の売却のことで偶然にも不動産業者から紹介されたのだが、実は30年以前からの知り合いであったとのこと。Hさんは昔Mさんとの結婚を考えるほど好意を寄せていたが、当のMさんは仕事に没頭していてHさんの思いを受け止めていなかった事などが分かり、30年ぶりの再会を機に、お互いの昔を懐かしみ交流が深まったということがわかりました。

　約1月の入院を経て、Mさんは退苑となった。退院から数日後、快気祝いをするためにHさんが来苑するというので、Mさんは朝から茶室の準備をするなど、その日は上機嫌であった。最近になって土地の売却も完了し一時期よりHさんとの交流は減ったものの、月2回の墓参りにはHさんと待ち合わせをしているということでした。

（場面3）

　入居者のなかに元同業者のTさんとの交流がありました。食事に行くときも声をかけ合いお互いの部屋を訪れるなど一緒にいるところをよくみかけた。ある日Tさんの義理の弟に当たるKさんが入居してきました。Tさんは、Kさんと一緒にいることが多くMさんとの交流が少なくなりました。Mさんは、「何よ。夫婦気取りして！」といって不機嫌になることが多くなりました。あると

き，「自分も結婚すればよかった。今更しょうがないけれど・・・・。」と，その言葉は少し悲しそうでもあり，身寄りのない寂しさを感じさせられました。

6）考　察

　高齢者の性の問題に関しては，どの施設も容認の姿勢をみせていることが多いが，問題行動にならないように事前対策をとることが多いでしょう。この事例の場合，当初何が起きるか予想もつきませんでした。Mさんは激しい気性のこともあり，病気になってしまうのではないかとも考えましたが，実際には現実をよくみていることがわかったので，施設の対応も「容認」とし，支援・見守り援助となりました。当初は「年甲斐もなく恥ずかしい」といいながらも，恋愛中の女性特有の生き生きした表情と，自分の部屋に老いて終日一人でいることの寂しさということがみて取れました。以前より職員との関係が増した分，自分は守られているという安心感をもつことができたのだろうとおもいます。そして，身寄りのない寂しい老人と意識しながらも，職員を始め施設内外との交流を通じて孤独感は和らいでいると考えられました。また，このことを通じてMさんが生き生きと行動していることが誰の目にも明らかでした。しかしMさん本人は内心不安で，孤独の寂しい思いの方が強かったのでしょう。身体機能の低下が，Hさんとの関係をだめにしてしまうのではないかとの強い不安感を訴えてきたことが，関わりのきっかけとなったのです。

　Mさんの援助を通じて，高齢者のセクシュアリティを支える援助は，同時に入居者の生活を支える援助であるのはいうまでもなく，有料老人ホームのような原則自立の生活を，高齢者が安心して過ごせるように援助するためには，職員の精神的支えがとても重要であることを実感するものでした。高齢者の性の問題は身体的な意味以上に，精神的な満足感を得るための手段として重要であること。とくに，家族関係が希薄な高齢者にとって高齢期の異性関係は，より強く求められるのではないでしょうか。

7）展　望

　Mさんの事例を通じて，自分は高齢者の性に関して専門職としてある程度の

理解をしていたつもりでしたが，今振り返ると，最初の頃から予断と偏見なしに関われたかと自問自答したときには自信がありません。しかし，Мさんの真剣な悩みに耳を傾け，同じ目線で解決方法を考えるうちに，高齢者の性の問題はすなわち生きることの問いであり，施設職員にとっては生活支援そのものであることを悟らされるものでありました。Мさんには，これからも健康で楽しく施設での生活を送って欲しいと心から願っています。

参考文献
- 波多野完治『吾れ老ゆ，故に吾在り』光文社，1993年
- 井上勝也・木村周『老年心理学』朝倉書店，2001年
- 介護事例研究会編『介護事例研究』建帛社，2001年
- 瀧澤真智子『有料老人ホーム入居者の幸福観に関する研究－とくに幸福観をもたらす要因との関係に着目して－』常磐大学『人間科学論究』第9号， 2001年
- 高橋恵子・波多野誼余夫『生涯発達の心理学』岩波新書，1997年
- 藤野信行・須田仁編『介護福祉エッセンシャルズⅠ』建帛社，2003年
- 『地域福祉情報』2003年

4．グループホームの実践

1）近年の動向

　認知症高齢者グループホーム（以下，GHとする）は，ゴールドプラン21の中にある整備目標（3,200カ所の数値目標）を大幅に上回る速さで整備されています。量的な拡充が進むなか，平成14年10月からは第三者評価と家族への公表が義務付けられるなど，GHを取り巻く環境は急速に整備されつつあります。また，痴呆性高齢者ケアにおいて先駆的な取り組みをもとにした，さまざまな実践が報告されるなど今後が期待されている領域でもあります。そして，現在認知症高齢者ケアの研究の集積とともに，そのケアのあり方が量から質へとかわろうとしています。このように，時代のケアが明らかになりつつあるな

か，厚労省老健局長の諮問機関が「2015年の高齢者介護研究会報告書」をまとめ，認知症高齢者ケアに関してGHケアの有効性を改めて明らかにしました。GHケアの質が求められるなか，実践事例から普遍化できることを，次の実践に結びつけていくことは，今後のGHケアの発展に関わる課題です。また，新たに痴呆性高齢者のターミナル期のケアを考える時期にきており，医療等との地域内の連携システムを構築していかなければなりません。以下本章では，GHケアの特徴をあげたうえで，GHにおけるターミナル期のケアのあり方について考察していきます。

2）GHケアの特徴

GHケアの特徴は，次の点に集約されます。まず，基本的な考え方として「個人の尊厳の確保を最大限に尊重できる環境づくり」が共通認識となります。そして，小規模な生活空間のなかで，① なじみの環境，② なじみの関係，③ 普通の生活の3つからなる要素が生活の中で具現化され，「生活すること」そのものをケアとして構築する必要があります。換言すれば，「利用者の個性と生活を尊重し（継続性），小集団生活のなかで心身の残存能力を最大限に発揮して生活することを支援する」ということになるでしょう。これらの基本的な考え方を共有し，周囲の介護スタッフがGH内の生活環境の整備や利用者相互の関係作りを考えていかなければなりません。あわせて，生活歴や家族関係を参考にしながら，日常生活の観察やコミュニケーション場面で利用者を理解していくことも必要になってきます。そうした，日常生活上の些細な観察やコミュニケーション一つひとつが利用者を知るヒントになり，支援者側の共通認識となりGHケアは成立するといっていいでしょう。

以上のような特徴を踏まえた上でGHにおけるターミナル期を考えると，GHのような小規模な「なじみ」の空間の中で家族や生活をともにした仲間に看取られていくのか，それとも医療体制が整備されたところで最期を迎えるのが望ましいのかが，GHケアのターミナル期を考える際の論点となってきます。

3) GHケアにおけるターミナル期の基本視点

　それでは，次にターミナル期のケアに必要とされている諸条件をあげ，若干の説明を加えたあとで事例を紹介し，かかる視点から考察をしていきます。①職員間の共通理解とコンセンサス（個性と生活の尊重＝継続性，能力の最大限の発揮），②家族の理解と連携，③医療機関との連携，をあげることができます。基本的には，これらの条件が高齢者の立場から一定の水準で調和していることがターミナル期のケアにとって望ましい条件といえます。さらに，あくまで「その人らしい暮らし」と，その延長線上で「その人の最期」を考える必要があり，以上の点をGHのチーム全体で共有しておく必要があるでしょう。

　一方で，GHが政策的に期待されている役割は，軽・中度の痴呆性高齢者の受け入れで，利用者相互がともに生活するなかで潜在能力を十分にいかして日常生活を構築していくことを側面から支援することです。したがって，職員からの相当程度の介護を必要とするような重度の認知症高齢者が必ずしも対象として想定されているわけではありませんでした。しかし，制度導入から，当初想定していなかった重度の認知症高齢者が生活し続けるようになってきており，ターミナル期のケアはいずれ直面する課題となってきました。その際，介護保険制度の施設サービスへの移行や医療機関へ移送することで，単純に片付けられる問題としてとらえるのは適切ではなく「最後までその人らしく…」という基本的な考え方に立ち戻り，利用者や家族の希望に沿った自然な形で，最期を迎えることを考えていかなければなりません。以下で事例を考察しながら，今後のGHケアの論点整理と必要な条件について考えていきます。

4) 事　例

　NPO法人（特定非営利活動法人）GH「今が一番館」は，前身である「ひまわり」に遡ると，平成6年に創設された岩手県内ではもっとも歴史あるGHです。職員が利用者へ関わる際にもつべき心持として「なにも心配いりません，ゆっくり長生きしてください」という考えを共有して，日々のケアのなかで具現化しています。GH形態は，2ユニットで構成されるGHと，開所したばかりの通

所介護事業（以下，DS）が併設されているほか，居宅介護支援事業を経営しています。それに加えて「今が一番館」の前身であり，現在は宅老所となっている「ひまわり」が車で5分程度の距離にあり，小規模ながら多機能性を有し地域展開しています。また，利用者の健康管理や緊急時に関しての医療体制については，同地域内にある診療所（内科，整形，歯科，眼科）が利用者の健康についてサポートする体制をとっています。利用者の要介護度は，介護度5－2人，4－1人，3－2人，2－1人となっています。

現在まで，「今が一番館」はターミナル期のケアを3人経験しており，利用者をホーム内と病院で看取っています。そのなかの1人で横浜出身であるH・K（以下，Hさん）さんの事例を紹介します。Hさんは，大正12（1923）年生まれ。平成7年2月に入所し，亡くなるまでの平成9年2月までの2年間をGHで生活しました。平成6年9月に夫が亡くなり，同年11月長男の結婚により，独居の生活となりました。平成7年の初め頃から，長女のことを妹と間違ったり，道に迷うことが多くなり，心配になった長女が家政婦を泊り込みさせるに至りました。その後，家政婦の紹介で「ひまわり」に体験入所をして，入所の運びとなりました。入所時は，高血圧症，認知症の症状があったものの，一緒にいた家政婦もスタッフとして泊り込んだおかげで，不穏な行動はみられませんでした。性格は穏やかで，ユーモアがあり，几帳面さもうかがえました。平成8年5月に骨肉種の手術で右足を15センチメートル残し切断しました。また，余命3ヵ月と宣告を受けましたが，それに関しては大きな変化はありませんでした。

家族は，ターミナル期の話し合いで，父親のICUの話を出し，面会もままならなかった状態を悔やんでおり，母親に関しては病院よりGHで看取りたいという希望をもっていました。その旨を協力医に相談し，定期健診（月に一度）は手術を実施した病院で受け，その所見を協力医に提供してもらうことで対応しました。夜間時の対応については，ナースの報告，急変時は協力医が対応することで連携しました（実際，重篤時期は4日間で夜間は介護職員で対応でき

ました）平成9年2月12時20分臨終。しばらく，実感をもてませんでしたが，スタッフには終わったという脱力感と達成感がありました。誰にも，もっと何かしてやれたのではという後悔はなく，家族にも感謝され，今でもお付き合いは続いています。

5）考察・今後の課題

　事例を振り返り，ターミナルを支えた条件をあげると，① 協力医院との連携が可能だったこと，② 経験のある職員に取り組む意思があったこと，③ 家族の想いがあったこと等，基本的視点で前述した条件と概ね同様となります。まだ，取り組みの浅い一般的なGHにおいて，これだけの環境を整備するのは困難であり，ターミナル期のケアがどこでも取り組めるほど一般化されたケアではないことが理解できます。医療機関にターミナル期の協力を要請するには，普段からの信頼関係の構築が不可欠ですし，なによりも施設長をはじめとするスタッフの取り組みへの強い意志などが，協力をとりつける際の重要な要素になるのではないでしょうか。現実的には，医療機関が前向きに協力を検討するには障害が多く，難色を示す医療機関が多いのが現状でしょう。また，家族から同意書を取るか否か，いつの段階で取るのが望ましいのか，さらに家族の同意書への抵抗感など，現実的には医療の領域と隣接する多くの場面で解決しなければならない問題は多くあります。人間の最期を看取るという，制度と想いの狭間に存在する現実に正解はつけ難く，実践の積み重ねによって，社会的に認知されていくことが必要なのかもしれません。

　今後のGHのターミナル期のケアを展望すれば「グループホームか病院か」という択一的に判断できるものではなく，利用者や家族の希望に沿える現場の条件づくりが急務でしょう。現段階においてはGHが政策的にターミナル期まで期待されているとはいえませんが，昨今の「その人らしいあり方」をめぐる「自己決定の尊重」などの機運の高まりを鑑みGHの理念を解釈すれば，GHでターミナル期を迎えることを希望する高齢者が増えてくることも予想されます。確かに，現在の在宅医療等との連携のあり方を踏まえれば，ターミナル期

を迎える上で十分ではない点も散見されます。しかし、死のあり方を考えるとき、それこそ本人の意に沿う形で最期を考えていこうとすれば、当然住み慣れた場所でなじみの仲間に見送られるのもひとつの選択肢として保障されなければなりません。その際、もちろん医療面のサポートは周囲が納得した形で、ご本人を送るために不可欠な要素であります。現実的に単独型のGHは医療面で協力医院の手厚い支援が不可欠でありますし、とくに最期の最期というときは、相当程度の医療的な関わりが必要となります。しかし、何がなんでも「ターミナル」が必要というわけではなく、長年のGHの生活を通じて、ご本人、ご家族、職員相互のなかで自然に最期までGHでという意識が芽生えたときに、ターミナルに臨む環境が形成されるのだと考えます。なによりも、関係者それぞれが利用者ご本人の立場に立って、なにがベストかを考えていく延長線上にGHにおけるターミナルは存在しなければなりません。それは、最期が近くなったターミナル期にはじめて考えられるものではなく、GH側と利用者・家族が普段のコミュニケーションのなかで信頼関係を築きながら、双方が納得する形の先にみえてくるものなのでしょう。

参考文献
医療経済研究機構『初期から終末期に至るまでの地域に密着した望ましい痴呆性高齢者ケアのあり方に関する調査研究報告書』2003年
高齢者介護研究会『2015年の高齢者介護～高齢者の尊厳を支えるケアの確立に向けて～』2003年
日本痴呆ケア学会事務局『第4回痴呆ケア学会抄録集』2003年

年表

高齢者福祉制度と文化・住宅の変遷

年代	高齢者福祉関連制度	文化・住宅
1874（明治7）	「救規則」制定	
1922（大正11）	「健康保険法」制定	モボ・モガ
1923（大正12）	「恩給法」制定	「文化住宅」
1929（昭和4）	「救護法」制定	「東京行進曲」流行
1938（昭和13）	「国民健康保険法」制定	「雨のブルース」
1941（昭和16）	「労働者年金保険法」制定	
1945（昭和20）	「生活困窮者緊急生活援護要綱」	第2次世界大戦終結
1946（昭和21）	「（旧）生活保護法」制定	「りんごの歌」
1947（昭和22）	「児童福祉法」制定	
1948（昭和23）	「民生委員法」制定	国連「世界人権宣言」採択
1949（昭和24）	「身体障害者福祉法」制定	
1950（昭和25）	「新生活保護法」制定 「精神衛生法」制定	平均寿命60歳
1951（昭和26）	「社会福祉事業法」制定	プロレス力道山
1954（昭和29）	「厚生年金保険法」制定	
1955（昭和30）	「世帯構成資金貸付制度」	
1958（昭和33）	「国民健康保険法」制定（国民皆年金）	「月光仮面」
1959（昭和34）	「国民年金法」制定（国民皆年金）	
1960（昭和35）	「精神薄弱者福祉法」制定	所得倍増計画 カラーテレビ開始 ダッコちゃん 第一回パラリンピック
1961（昭和36）	「通算年金制度」創設	
1962（昭和37）	「東京家庭奉仕員制度」発足	
1963（昭和38）	「老人福祉法」制定	鉄腕アトム
1966（昭和41）	「敬老の日」国民の祝日になる。	
1971（昭和46）	「社会福祉施設緊急整備5か年計画」開始	国連「知的障害者の権利宣言」採択
1972（昭和47）	「老人医療費支給制度」創設	堀木訴訟の判決 「恍惚の人」
1973（昭和48）		「福祉元年」宣言 オイルショック
1978（昭和53）	「老人短期入所生活介護（ショートステイ）事業」創設	
1979（昭和54）	「老人日帰り介護（デイサービス）事業」創設	
1981（昭和56）	「訪問サービス事業」創設国連	「国際障害者年」

年	事項	関連事項
1982（昭和57）	「老人保健法」制定	
1984（昭和59）	「社会福祉・医療事業団法」制定 特養職員対象の痴呆性老人処遇技術研修創設	
1985（昭和60）	老人福祉法改正 「主任家庭奉仕員設置事業」創設 国民年金法改正（基礎年金制度）	
1986（昭和61）	地方分権法による老人福祉法改正 （老人入所措置が団体委任事務へ）	
1987（昭和62）	「老人保健法」改正（老人保健施設設置） 「社会福祉士及び介護福祉士法」制定	
1989（平成元）	「高齢者保健福祉推進十か年戦略」発表	ベルリンの壁崩壊
1990（平成2）	「福祉八法改正」 「寝たきり老人ゼロ作戦」	雲仙普賢岳噴火 住宅改良資金の助成制度 （江戸川区）
1991（平成3）	「老人保健法」改正（老人訪問看護制度創設）	
1993（平成5）	「老人保健福祉計画」作成を義務化 （都道府県、市町村） 特養の入所措置権を町村に移譲 「福祉用具の研究開発及び普及の促進に関する法律」制定	「規制緩和」
1994（平成6）	新ゴールドプラン発表 （「高齢者保健福祉推進十か年戦略」を見直し）	向井千秋女性宇宙飛行士 「価格破壊」 「ハートビル法」制定
1995（平成7）	「高齢社会対策基本法」制定	地下鉄サリン事件
1996（平成8）	「高齢社会対策大綱」決定	携帯電話急増
1997（平成9）	「介護保険法」制定（措置から契約へ） 「痴呆対応型老人共同生活援助事業」 （痴呆性老人グループホーム）創設	臓器移植法成立 たまごっちブーム
1999（平成11）	「今後5か年の高齢者保健福祉施策の方向」 （介護休養の義務化ゴールドプラン21）策定	平均寿命（男77.1歳， 　　　　　女83.99歳）
2000（平成12）	「介護保険法」施行	成年後見制度実施 「交通バリアフリー法」
2001（平成13）	「社会福祉法」制定（社会福祉事業法の改定）	国際ボランティア年 「第八期住宅建設五箇年計画」閣議決定 「高齢者居住法」制定
2003（平成15）	「支援費制度」実施	
2005（平成17）	「介護保険法」の全面見直し	
2006（平成18）	「障害者自立支援法」施行	

索　引

あ行

ICIDH	135
ICF	135, 140
悪不履行の原則	103, 105, 111
アセスメント	139, 147, 152
アドボカシー	32, 117
アドボケーター	117
アニマルセラピー	35
「家」制度	27, 161
委任契約	125
いのちの電話	123
医療保険制度	51
インコンピテンス	102
インフォームド・コンセント	32, 102, 105
姥棄て山	10
ADL（日常生活動作）	38, 124
NPO	118
エリクソン	68
エンゼルプラン	24
エンパワメント	32, 117137, 138
大原健士郎	69
オンブズマン	118

か行

介護給付	77, 99
介護サービス計画	89
介護支援専門員	88, 89, 133
介護者	162
介護ストレス	162
介護報酬	91
介護保険制度	50
介護保健施設	49
介護保険法	29, 83, 124
介護療養型医療施設	48
介護老人保健施設	80
回想法・ライフレビュー	33
核家族	161
家族介護	162
価値観	96
価値規範	34
活動性理論	71
稼働所得	56
カミング	71
加齢	63, 67
加齢現象	68
環境因子	140
カンファレンス	147
還暦	5
器質	68
器質的性病変	68
機能訓練	28
基本理念	81
共感体操	51
居宅介護支援事業者	88
クオリティ・オブ・ライフ（QOL）	30
苦情解決システム	118
グループケアホームケア	140
グループホーム	133, 187
ケア	65
ケアチーム	132
ケアプラン	89, 139, 147, 152
ケアマネジメント	132
ケアマネジャー	119
継続性理論	71
契約	83, 124
ケース検討	151
化粧療法	172, 180
健康の定義	46
権利擁護	25, 32, 117
—のシステム	118
後期高齢者	20, 58, 63
合計特殊出産率	16
交通バリアフリー	96
公的年金	55

公的扶助	25, 53	終末期	38
高齢化社会	11, 16, 19	就労	55
高齢化に関する世界会議	8, 12	祝日	171
高齢化の地域格差	24	受療率	44
高齢期文化	34	障害者プラン	24
高齢社会対策基本法	93	生涯発達理論	68
高齢者虐待	119	消費支出構成比	53
高齢者の住居の安定の確保	94	職業倫理	108
高齢者のための国連原則	63	女子差別撤廃条約	159
高齢者保健福祉推進十ヵ年戦略	28	自立	63
国際高齢者年	12	自立支援	31, 85
国際婦人年	159	自律尊重の原則	102, 110, 111
国民皆年金制	24	シルバーハウジング	95
心のケア	173	シルバーハウジング・プロジェクト	96
個別化	130	シルバーハラスメント	123
孤立感	67	人格統合能力	68
ゴールドプラン	24, 187	人口高齢化	16
ゴールドプラン21	29	人口の置き換え水準	16
		新ゴールドプラン	93

さ　行

		身体拘束	121
サービス評価	118	身体拘束廃止	122
参加	65	身体的特徴	65
残存能力（自己能力の開発）	31	スティグマ（恥辱）	27, 29
サントロック	72	ストレス	150, 156
死因別死亡率	44	ストレングス	136
ジェンダー	158	生活者	35
ジェンダーアプローチ	165	生活習慣	171
支援費制度	29	生活ニーズ	41
自我発達	68	生活の継続性	31
自己決定	32, 117, 124, 129	生活保護	56
自己実現	31, 65	生活モデル	134
自信の喪失	67	正義・公平の原則	103, 110, 111
自然死	38	成人中期	69
自尊心	67	成年後見制度	94, 118, 125
恤救規則	27	生物学的性差（クシュアリティ）	158
社会参加	55	生倫理学	109
社会的介護	85	セーフティーネット	77
社会的支援	85	生活保護	53
社会的役割	70	世帯平均貯蓄額	53
社会福祉基礎構造改革	24, 93, 94	節句	171
借家率	58	セラピューティックレクリエーション	35
住宅所有関係	58	前期高齢者	63

善行の原則	105, 110, 111
全人的理解	32
喪失体験	70
疎外感	67
ソーシャル・サポート	71
ソーシャル・ネットワーク	70
ソーシャルサービスシステム	162
措置	83
措置から契約へ	25, 116
措置制度	85
その人らしく	153
祖父母という役割	70
尊厳	65

た 行

ターミナル	35, 188
ターミナルステージ	40
第1号被保険者	86
第1次判定	88
第三者委員	121
第三者評価	152
第三の波	26
第2号被保険者	86
WHO	46, 63, 134
短期記憶	67
短期入所サービス	50
短期入所生活介護	76
地域オンブズマンの育成	130
地域福祉権利擁護事業	118, 127
チームケア	148, 155, 156
超越対自我	69
長寿社会対策大綱策定	28
直接徴収	87
貯蓄残高	56
通所サービス	49
転倒事故	61
特別徴収	87
特別養護老人ホーム	78

な 行

なじみの環境	188
二十四節気	167
日常生活用具の給付・貸与	77
21世紀福祉ビジョン	28, 51, 93
入所施設	75
任意代理	124
認知症高齢者	21
認知症対応型共同生活介護	76, 142
認知症対応型老人共同生活援助事業	77
認定	87
ネットワーク	119
年金制度改革	51
ノーマライゼーション	30

は 行

パートナーシップ	32
ハートビル法	96
配食サービス	49
廃用性症候群	122
ハヴィガースト	69, 71
パターナリズム	117
パッケージ	132
バリアフリー	57
バリアフリー化	95
ビーチャム	100
日帰り介護	76
ヒヤリハット	124
フェミニズム	165
福祉	13
福祉サービス理念	129
福祉制度	27
福祉理念	25, 30
普遍的倫理原則	100
フリードマン	71
ペック	69
ヘンリィ	71
訪問介護	76
訪問サービス	49
保健ケア	162
保険料	87
補佐	126
補助	126
ぽっくり信仰	41
ホテルコスト	91

ホメオスタシス	66, 174	倫理綱領	108, 110, 111
		倫理的検索の視点	99, 100, 101, 113

ま 行

慢性疾患	67	倫理的行為	111
看取り	40	倫理的根拠	100
持ち家率	58	劣等処遇	28
モニタリング	139, 147	レビン	162
モラール	122	老化性機能衰退	38
		老人虐待	162

や 行

		老人居宅介護事業	77
		老人クラブ	78
ユニットケア	133, 141, 152	老人健康法	79
ユニバーサルデザイン	57	老人健康保持事業	78
要介護高齢者	21	老人短期入所事業	77
養護老人ホーム	78	老人デイサービス事業	77
抑制死	122	老人施設の基本理念	76
予防給付	90	老人福祉法	11, 27, 74
寄り添うケア	40	老人訪問看護制度	80
		老人保健法	28, 81
		老年期	69, 70

ら 行

		老年期の適応	72
ライフサポートアドバイザー	96	老齢期	63
リスクマネジメント	124, 152	老々介護	161
リーゾニングプロセス	100		
離脱理論	71		
利用者中心	85	**わ 行**	
倫理観	96, 102	笑い学会	41
倫理原則	104		

執　筆　者

＊伏見　幸子	彰栄保育福祉専門学校	（序章，第2章，第9章）
＊古川　繁子	植草学園短期大学	（第1章）
井上　深幸	関西福祉大学	（第3章）
宮内　克代	埼玉学園大学	（第4章）
中村　裕子	仙台白百合女子大学	（第5章）
関川　幸子	東日本社会福祉専門学校	（第6章）
髙橋　英成	盛岡社会福祉専門学校	（第7章）
相澤　毅	特別養護老人ホームさくら苑	（第8章）
大多和　誠	特別養護老人ホームサンライズビラ	（第10章1）
古野　英子	ボランティアグループスマイルサポート	（第10章2）
瀧澤真智子	有料老人ホームローズヴィラ水戸	（第10章3）
森　明人	東日本社会福祉専門学校	（第10章4）

（執筆順，＊は編者）

事例で学ぶ　高齢者福祉論

2004年10月15日　第1版第1刷発行
2006年4月10日　第1版第2刷発行

編著者　伏見　幸子
　　　　古川　繁子
発行者　田　中　千津子
発行所　㈱学文社

東京都目黒区下目黒3-6-1
郵便番号　153-0064　電話（03）3715-1501（代表）　振替00130-9-98842

乱丁・落丁は，本社にてお取替致します。　　印刷　倉敷印刷株式会社
定価は，カバー，売上げカードに表示してあります。＜検印省略＞

ISBN4-7620-1357-9